今なぜ「非軍事の平和主義」か——まえがきにかえて

日本国憲法に定める平和主義は、戦後七〇年の試練を経てきたが、その真髄である非軍事の平和主義は今後ますます輝きを増して、やがて世界の本流になる日がくることを私は確信している。それはそこにしか持続可能な安定した国際社会は構築できないと思うからである。

私が平和主義への関心を高めたのは、定年後自分の時間が増えてふと日本や世界のことを考えるとき、またいろいろな世界のニュースに触れるとき、世界各地での止むことのない武力紛争に心が痛んだからである。

戦争は天災ではなく人災である。戦争による犠牲や破壊は人災であるから、人間の英知によって防ぐことができる。それは決して不可能ではない。国際関係において対立が生じたとき、なぜもっとも人間的な紛争解決方法である話し合いによる解決、外交による解決、つまり理性による非軍事の紛争解決ができないのか。なぜ人類は戦争がもたらす犠牲、破壊、貧困、憎しみを想像できないのか。なぜ、憲法に平和主義を掲げる日本は紛争解決のために、非軍事の貢献ができないのか。私は地元の「九条の会」(宮前九条の会)が主催する学習会や講演会、上映会等に参加する中でいろいろ刺激を受け、また、みんなで議論する中で自分なりにこの問題について考えてみるために筆を執ることにした。

日本の平和主義は戦後七〇年の風雪に耐え、もっとも人間的な理性による抑止力として機能してきた。しかしながら世界平和へのわが国の貢献が見えない。それは戦後の歴代の日本政府が、自国の憲法である日本国憲法に誇りを感じていないことに起因すると考える。平和主義についてもそれを広めていくことについて政府自らブレーキをかけている感じがある。ここに平和主義の進展を感じない最大の原因があるのではないか。

わが国では六〇年安保以降、今夏のような安倍政権への国民的抗議行動が全国で澎湃《ほうはい》として起きるまでは大規模な国民運動は沈黙していた感があるが、地道ではあるが多くの平和、民主主義運動は継続していた。しかし、その民意が国政に反映されることは極めて少ない。国政と民意との一体感が乏しい。これでは日本が民主主義国として成人になったのか疑わしい現状である。

しかし、明治以来、民主主義、平和主義の発展に人生を捧げた先人の思いを考えるとき勇気が湧いてくる

アジア・太平洋戦争終戦記念日
二〇一五年九月二日

村木　正則

III章 敗戦直後の憲法論議と日本国憲法の成立

Ⅳ章 非軍事の平和主義

資料篇

Ⅰ章 明治期における近代日本の模索

1 ペリー来航

一八五三年（嘉永六年）、江戸湾の入り口、浦賀沖に四隻の黒船軍団が現れた。黒船軍団最大のサスケハナ号は、当時のわが国最大の船・千石船（約一〇〇トン級）の二〇倍以上の二四五〇トンであった。

当時「太平の眠りを覚ます上喜撰《じょうきせん》たった四杯で夜も眠れず」と狂歌で風刺された。上喜撰とは宇治の高級茶の銘柄。蒸気船と掛けたのだ。

わが国は有史以来、外国に占領支配されたことはなかった。しかし、一九世紀に入り、列強の艦船がわが国近海に姿を見せるようになった。欧米列強のアジア進出やイギリス艦隊による中国（当時は清）侵略（一八四〇年＝アヘン戦争）は、鎖国中唯一貿易をしていたオランダを通して知っていた。そして、幕府が恐れていた光景が目の前に現れたのである。

ペリー率いるアメリカ艦隊は、通常は帆船であるが、湾内は蒸気船として高速で航行し、威嚇のため空砲を発した。幕府との交渉においては高圧的に開国と通商を迫った。いわゆる「砲艦外交」の展開である。のちに明治政府も隣国朝鮮に対して同様の行動をとり、鎖

サスケハナ号

国中の朝鮮に開国を迫った（一八七五年、江華《こうか》島《とう》事件）。

アメリカの圧力に対して、幕府は条約調印の一年先延ばしが精いっぱいであった。幕府はその後外圧に抗しきれず列強と次々に開国し、通商条約（不平等条約）に調印していった。

黒船来航という衝撃は二六〇年余に及ぶ幕藩体制の土台を大きく揺るがし始めた。幕府も朝廷も武士も庶民も身分に関係なく国を挙げてわが国の将来を真剣に考え始めた。このことも史上初めてだったかもしれない。

国内は尊王論を基本に討幕論、開国論、攘《じょう》夷《い》論が渦巻いた。時には融合しながら紆《う》余《よ》曲折を経て、尊王攘夷―討幕―大政奉還―江戸城無血開城―江戸幕府の滅亡―明治維新へと歴史は流れた。

2　明治維新と岩倉遣欧使節団

わが国の国家の改革に関わる歴史上の二大改革といえば、ひとつは明治維新、もうひとつは後述するアジア・太平洋戦争終結後の「戦後改革」であることは異論のないところであろう。

明治政府は、①鎌倉時代から続いた武家政治の滅亡、②一〇〇〇年を超える天皇制のなかでの天皇親政の復活、③開国による欧米文化の流入という新旧三つの流れが混在するという歴史上未曽有の状況に向き合うことになった。このようななかでの国家、社会の再構築、諸改革が明治維新であった。

明治新政府は、近代国家としての日本をいかに創出していくかを真剣に考えた。そこでその手がかりを見つけるため、政府顧問のアメリカ人宣教師フルベッキの助言もあり、まず欧米近代国家を視察するという国家プロジェクトに取り組むことにした。歴史的な遣欧使節団の結成である。

使節団全権大使の公卿岩倉具視《くげいわくらともみ》は薩長と協力して王政復古に貢献した人物で、政府からの信頼が篤《あつ》い。副使は、木戸孝允《たかよし》、大久保利通《としみち》、伊藤博文《ひろぶみ》、山口尚芳《なおよし》の四人で政府の過半の重鎮《じゅうちん》を含んでいた。国内に残る三条実美《さねとみ》、西郷隆盛《たかもり》、板垣退助《たいすけ》、後藤象二郎《しょうじろう》らは留守政府と呼ばれた。大使・副使は幕末維新で活躍した実力者で、随員の理事には各省の官僚で海外経験をもつ者が多かった。同乗の留学生は向学心に燃える若きエリート達であった。

総勢一〇〇余名であるが、年齢は最年長が岩倉で四七歳、最年少は一八歳であった。ほとんどが二〇代、三〇代の青年であり、明治政府の使節団に懸ける並々ならぬ決意と期待がうかがえる。

使節団は一八七一（明治四）年一一月に横浜を出発して一八七三（明治六）年九月に横浜に帰る一年一〇カ月の行程であった。使節の目的は、①条約締結国への表敬訪問、②徳川幕府が諸外国と結んだ不平等条約改正の予備交渉、③制度文物の視察である。

訪問国は行程順にいうとアメリカ→イギリス→フランス→ベルギー→オランダ→ドイツ→ロシア→デンマーク→スウェーデン→イタリア→オーストリア→スイス→（フランス）

遣欧使節団　左から木戸孝允、山口尚芳、岩倉具視、伊藤博文、大久保利通

の十二カ国であった。
注目すべきは当時の大国であるアメリカ、フランス、イギリスのみならず、ベルギー、オランダ、デンマーク、スイスのような小国も重要訪問先になっていたことである。これは大国へのあこがれもあるが、近代日本の針路を冷静に考えるとき、日本と同じ小国のモデルも考える必要があったからである。

3　使節団の報告

岩倉使節団の報告書は、記録係として同行した久米邦武《くにたけ》が数年がかりで作成した。

久米は、佐賀藩(肥前)出身の漢学者でのちに帝国大学(のちの東京帝国大学)の教授になる。大隈重信《おおくましげのぶ》と藩校弘道館で同門であった。

帰国後太政官内で報告書の作成に専念した。久米は「大使の公務の余、及び各地回歴途上に於いて総《すべ》て覧観《らんかん》せる実況を筆記す」として報告書の名称を『特命全権大使米欧回覧実記』(以後『実記』と略す)とし、全一〇〇巻に上る膨大な報告書を一八七八年(明治一一)公刊した。

内容は、政治、社会、経済、産業、技術、軍事、教育、宗教、文化、思想と幅広く各分野に細かく筆が及んでいる。さらに、画図、統計、資料を添付し、わかりやすく具体的に編集した。それは、人民を代表して視察しているのだから、結果は人民に返す必要があるという久米の使命感の表れであった。ここにも近代日本の建設をめざす情熱あふれる青年がいたのである。『実記』の編集は大国アメリカ編が二〇巻、イギリス編が二〇巻、フランス編が九巻、小国のベルギー、オランダ、スイスはそれぞれ三巻で、あとはその他である。それぞれの報告の一部をみてみよう。

大国アメリカについては、物力(生産力)が豊かで、人民の自主自治の精神がたくましく、開発が進んでいると称賛しながら、わが国の開発が遅々として進まないのを嘆いている。

一方で、「自由の弊《へい》多し、勝手気まま、風俗不良」と批判している。この見識はのちに政府がわが国の自由民権運動を弾圧する動機につながっている。

ニューヨークのシティホールで市長の歓迎を受ける使節団

小国のスイス、オランダについては、小国としての体制と精神に徹して大国の侮《あなど》りを受けず、信義をもって国威を発揚しており、日本としては見習うべきとしている。また、オーストリアのウイーンを訪問して、開催中の万国博覧会で各国の出品を見て、「国民自主の生理に於いて、大も畏《おそ》れるに足らず小も侮るべからず」と感想を述べている。「国民自主の生理」とは国民の自主の精神は近代国家の存立の基本原理であるということである。このように『実記』全体に新日本建設に燃える青年の純真さがあふれている。

しかし、使節団が帰国したのち政府の主流派となる岩倉具視、大久保利通、伊藤博文、木戸孝光らがいちばん感銘したのはドイツ訪問であった。使節団は、当時の小国プロイセン（＝プロシア）が大国ドイツ帝国になったことに特別の関心をもっていた。鉄血宰相ビスマルク（現下の大問題は言論や多数決によってではなく、鉄〈武器〉と血〈兵士〉によって決定される……という演説からその名がある）は、一行を招宴した席でドイツ帝国成立のプロセスを熱く語った。伊藤の心にはビスマルクのその熱弁が誰よりも強く残った。これを契機として伊藤は帰国後、憲法調査のため再度ドイツを訪れることになる。

4 使節団と中江兆民

使節団の一行に知識欲に溢れる留学生中江兆民《なかえちょうみん》（一八四七―一九〇一）がいた。兆民はアメリカまで使節団に同行し、その後政府留学生としてフランスへ渡り、もっとも関心があったルソー研究のみならず、広く哲学、史学、文学を研究した。

兆民は土佐の下級武士の子で、藩校である文武館で漢学を学び、のちに長崎、江戸で仏《ふつ》学《がく》を学んだ。この時代に民主主義や人権について学び、早くからフランスに強い関心をもっていたと思われる。当時多くの日本人が欧米の高い文化に目を奪われていたが、そのなかで何よりも民主主義という社会制度に注目していた青年がいたのである。兆民の関心が社会制度に向かったのは、わが国には主従関係を軸とした長い封建時代があり、そのために近代化という新しい社会への変化に対応できないでいる歴史的限界を打破したいという強い思いがあったからであった。

中江兆民

使節団と途中まで同行した兆民は、『実記』とは異なる感想を残している。

「彼邦数百年来収穫し蓄積し来りたる文明の効果の燦然《さんぜん》として目を奪うに遭ふて、始めは驚き次は酔い終《しまい》は狂して、事の次序を考え業の先後を察するの念は一時にその思慮機能の中より迸《ほう》散《さん》し去り」（松永昌三編『中江兆民評論集』「Ⅲ東雲新聞・政論他」の「流行の論」）。

その意は、「使節団は多くの俊秀を従えて米欧に行き、数百年蓄積された各国の文明の輝きに目を奪われ、始めは驚き、次は酔い、終わりは狂して、前後の見境なく思慮分別もないままにその文明を受け入れようとした」ということである。

この論考は使節団帰国後のものであるが、二〇代の兆民の冷静な考察に驚かされる。これは大国主義への道を進み始めようとしている政府への痛烈な批判でもある。兆民は西欧近代文明が、高度に発達したもので学ぶべき点が多いことは十分に認めながらも、その西欧の価値基準で、文明国、半未開国、未開国に分けて民族を序列化することは是認できなかった。各国の文化の相違についても、そこに優劣、正邪、善悪等の価値判断を持ち込むべきではないと考えていた。この時代にあって兆民の民主主義を土台とする冷静な思考には驚かされる。その点、「脱亜入欧」を唱え、国家群を欧米の価値基準に準じて、文明、半開、野蛮に分けて（『文明論之概略』）序列化した福沢諭吉と異なる。

さらに、「平和平等の制を建立し、人々の身を人々に還し城を堡《とりで》を夷《たいら》げ、兵備を撤して他国に対して殺人犯の意有ること無きことを示し、亦他国の此意を挟むこと無き信ずるの意を示し、一国を挙げて道徳の園と為し学術の畑と為し」（中江兆民『三酔人経綸問答』）と述べている。その意は「民主、平等制度を確立して人々の身体を人々に返し、要塞をつぶし、軍艦を撤廃して他国に対して殺人を犯す意思がないことを示し、また、他国もそのような意思を持つものでないと信じることを示し、国全体を道徳の花園とし、学問の畑とする」

ということである。小国は道義によって自己を守るのでなければ、他に頼れるものがあろうはずがないとして、道義こそがもっとも頼れる根幹だと強調している。

これは兆民の平和主義の基本理念を述べたものであり、日本国憲法の前文にある「平和を愛する諸国民の公正と信義に信頼して、われらの安全と生存を保持しようと決意した」につながる高い道徳を示しているといえないだろうか。兆民の思考から類推すれば、道徳の高い国こそ先進国に値することになる。日本国憲法前文は高い道徳による平和主義を説き、そして九条で戦争放棄を具体化している。そしてそこには兆民が考察した平和主義の基本精神が受け継がれているとみることもできよう。

兆民は「東洋のルソー」と呼ばれ、ルソーの『社会契約論』を訳した『民約訳解』によって、わが国でも本格的に人民主権や人権、民主主義思想が普及することになった。そして、同じ土佐出身の板垣退助の強い影響も受けて自由民権運動の理論的指導者になった。

一八八九年に制定された大日本帝国憲法（明治憲法）については、兆民は批判的であったと弟子である幸徳秋水《こうとくしゅうすい》は伝えている。兆民にとっては明治憲法における民主主義の不徹底が容認できなかったのだと思われる。その点、憲法をもつことは一歩前進とみた後述する植木枝盛《えもり》とは異なる。

さらに兆民は民権についても、明治憲法は天皇が制定する「欽定《きんてい》憲法」であり、明治憲法に定められた「民権」は自由民権運動で主張された下から獲得した「回復民権」=「下流の民権」ではなく、上から与えられた「恩寵《おんちょう》民権」=「上流の民権」で制限つきの民権であると述べている。ただし天皇については、兆民は日本の天皇の特殊性をあげて国会の開設によってなんら変わることなく、それと内閣との分離によって、その尊厳を保つべきと説いている。

5 植木枝盛と私擬憲法

中江兆民と同じく土佐出身で板垣退助の影響を強くうけた自由民権家に植木枝盛《えもり》(一八五七—九二)がいた。植木は一八七七(明治一〇)年に板垣が結成した立志社に入社し、執筆や演説会で活発な言論活動を展開した。

植木は、明治維新については「明治第一の変革」であり、それは「治者と治者の関係」

であって、被治者たる人民とは関係がないと断じている。つまり明治政府の統治は国民軽視の藩閥独裁政治だと批判しているのである。したがって、「第二の改革」によって、人民が政権を握り、人民が利益・幸福・自由の得られる体制へ転換しなければならないという考えに立っていた。人民あっての国家であるという、兆民より徹底した民権思想を主張した。

大日本帝国憲法（明治憲法）制定に先立ち、民権各社の全国組織である愛国社は、民権各社が「憲法見込み案」＝「憲法草案」を作成することを呼びかけた。民権各社を中心に作成された憲法草案は全国で一〇〇を超えた。国家の基本法である憲法をつくるということは、新国家の建設を構想することである。私たちは近代国家日本の創出に注いだ当時の日本人の熱い心を忘れてはならない。

植木枝盛

日本人が官民問わず憲法制定に総力をあげた時期が二度ある。一度はこの一九世紀後期の自由民権期で、いわゆる「私擬《しぎ》憲法」制定時代といわれたころである。二度目はのちに述べるが、一九四五年のアジア・太平洋戦争終結直後のＧＨＱ占領期の数年間の新憲法制定の時期である。
私擬憲法においては、主権在民を明確にした立志社系の憲法案がもっとも民主主義的な要素を含んでいた。そのなかでも注目すべきは植木枝盛の「東洋大日本国国憲按」（一八八一年、全二二〇条。巻末資料頁）である。

植木は憲法草案作成にあたって、米英はじめフランス、プロシア、ベルギー、オランダなどの憲法の人権規定を熱心に研究した。植木案には、このときすでに拷問の禁止、思想・信教・言論・出版・集会・結社・学問の自由、住居の自由、さらに信書の秘密、国籍離脱の自由、私有財産制、請願権など現在の日本国憲法の各条文にある国民の自由、権利がほとんど網羅されている。しかもそれらは他の私擬憲法にみられるように「法律に背くにあらざれば」というような制限つきではなく、天賦人権（人間は生まれながらに人としての権利をもっているという考え）として規定しているのも日本国憲法と同じである。植木の考えた国民の権利および自由は日本国憲法に完全に受け継がれているとみることができる。

当時もっとも先進的な民主主義者であった植木について補足しておきたい。

植木は一八五七（安政四）年、土佐に生まれた。土佐藩の藩校である致道館に十一歳から通って漢学（四書五経）や福沢諭吉《ゆきち》の『西洋事情』『万国概誌』に接し西欧思想も学んでいる。

一八七三（明治六）年に上京し、東京でフランス人モンチュールにフランス学を学んだ。退校後、東京で独学生活を送っている。

参考までに一八七五（明治八）年六月の植木の行動をみてみよう。一日明六社会、三日書籍館（図書館）、五日三田演説会、六日教会、八日書籍館、一〇日書籍館、一一日書籍館、一二日修文会、一三日教会、一六日明六社会、一八日荘子講演会、一九日三田演説会、二〇日教会、二一日書籍館、二三日書籍館、二五日上級裁判所傍聴、書籍館、二六日書籍館、修文会、二七日上級裁判所傍聴、教会、二八日荘子会、二九日開成学校試験見学――というような過密日程である。関心あるものはすべて見聞しようという向学心に燃える植木の姿がある。

植木枝盛著『言論自由論』表紙
1880（明治 13）年、愛国社発行

「明六社」は、森有礼《ありのり》（初代文部大臣）、福沢諭吉（慶応大学創設）、安藤弘之《ひろゆき》（番所調書教授）、中村正直《まさなお》（昌平坂学問所教授）、前島密《ひそか》（報知新聞社長）らによって結成された啓蒙学術団体で、明治六年に設立されたのでその名がある。植木も会員として活動し、福沢諭吉ら当時の進歩的知識人と積極的に交流し、強い影響を受けた。

ある一日の植木の行動をみてみよう。この日、午後から夜まで書籍館、夜七時から三田の慶応義塾演説会に行き演説一四本を聞いて午前二時に下宿に戻ったとある。毎日がこのような感じである。ここにも、自由民権思想への情熱と知識欲に燃える青年植木の姿がある。

私擬憲法の例をひとつ追加する。それは「五日市憲法草案」(表題は大日本国憲法。巻末資料頁)である。東京の五日市地方(現東京都あきるの市)の自由民権家のひとり千葉卓三郎《たくさぶろう》が一八八一年に起草したとされているものであるが、地元の民権家が中心となって、学習結社「学芸講談会」を結成し、そこで討議されたものが土台となっているのでその名がある。全二〇四条からなり、その大半の条文を国民の権利が占め、当時としては画期的なものであり、自由民権運動や、私擬憲法制定の全国的広がりを確認できる貴重な証拠でもある

Ⅱ章

平和・民主主義の継承　明治―大正―昭和前期

1 吉野作造と民本主義

大正時代の民主主義運動は大正デモクラシーと呼ばれる。この時代を代表するのは民本《みんぽん》主義を提唱した吉野作造《さくぞう》（一八七八―一九三三）である。

吉野は宮城県の古川出身で、東京帝大在学中にキリスト教の洗礼を受けている。吉野の

吉野作造

思想の土台にはキリスト教的人道主義がある。同大助教授時代にイギリス、ドイツ、フランス等に留学し、政治史、政治学を研究した。一九一四(大正三)年には教授となり政治史を担当した。同年から一九二八(昭和三)年まで『中央公論』に時事論文を継続的に発表した。その一九一六(大正五)年一月号で「憲政の本義を説いて

其《その》有終の美を済すの途《みち》を論ず」で民本主義を主張し、一躍有名になった。以後大正デモクラシーの理論的指導者となり活発な言論活動を展開した。

さて、民本主義であるが、民主主義＝デモクラシーというのは人民主権を前提としているので、当時の天皇主権の君主制の政体とは矛盾するものであった。しかし、吉野は君主制であっても、憲法に基づいて人民の利益を優先させる立憲主義は両立できると考え、それを民本主義と呼んだ。それは天皇制と対立するものではなく共存する思想として多くの国民が民本主義に共感を示した。天皇機関説を唱えた美濃部達吉《みのべたつきち》、「小日本主義」を主張した三浦銕太郎《てつたろう》、『貧乏物語』の河上肇《はじめ》、文豪夏目漱石もその一員であった。

吉野は国民の支持を得て、活発な言論活動を展開した。自分たちの利害を優先させる薩長による藩閥政治に対しては厳しく批判し、その利害の推進役である枢密院《すうみついん》や貴族院も批判の対象とした。一九一八（大正七）年には新渡戸稲造《にとべいなぞう》（農学者）、福田徳三（経済学者）らとともに「黎明会《れいめいかい》」を結成し、東京帝大、東京高商、慶大、早大等の当時もっとも進歩的な学者、文化人らが幅広く会員として結集して、講演会や出版活動をおこなった。歌人の与謝野晶子も会員であった。

吉野の民本主義に関しては『吉野作蔵民本主義論集』全八巻に収められている。明治文化の研究にも尽力し『明治文化全集』全二四巻を残し、明治研究の貴重な資料となっている。

吉野は歴史に名を残した政治学者であるが、黎明会等で多くの民本主義者や思想家と交流し、自己研鑽《けんさん》にも努めた。また、日本に留学していた中国や朝鮮の青年ともすすんで交流した。当初吉野は日本による朝鮮の植民地支配を認めていたが、留学生の声を聴き、実際に朝鮮を視察する中で、植民地支配に疑問をもつようになっていった。吉野の朝鮮に対する気持ちの変化は次の一文で明らかである。「彼等は全然無条件に日本の統治に満足するものなりと断定するならば、これ独立民族の心理を解せざるの甚しきものである」(「満蒙を視察して」『中央公論』一九一六年六月号)。

2　国家主義と国体護持

中江兆民《ちょうみん》、植木枝盛《えもり》、吉野作造《さくぞう》らは明治・大正時代に活躍した言論人で、日本の民主主義、平和主義の発展における輝かしい貢献を忘れてはならない。彼らの活動によって明治・大正時代における自由民権運動、それにつづく大正デモクラシーという日本における啓蒙運動、民主主義運動は広がりをみせ、民衆の意識も変わり、民衆の政治や社会への参加を促すことになった。

大正期の米騒動、労働争議、小作争議のように民衆の要望は直接行動を伴うことも出てきた。通常、一九一八（大正七）年の米騒動までの前期を大正デモクラシー時代、以後より社会運動が活発化した後期を改造の時代と呼ばれることもある。

いずれにしても今や政府は民衆の動きを無視して政治を進めることができなくなった。一方民衆は内には自由民権や立憲主義・民本主義等の民主主義を主張しながらも、日清・日露戦争に勝利したことと、勝利による民族主義の芽生えもあり、外には大国主義、帝国主義を志向するようになっていった。いいかえれば、内には民主主義、外には大国主義という矛盾した意識をもつようになった。それは政治や社会運動に目覚めた民衆のエネルギーが近代天皇制国家によって大国主義、膨張主義、そして後発の帝国主義へ誘導されていく過程であった。

帝国議会においては政府と民権各派が主導権を争う状況であったが、大久保利通《としみち》、伊藤博文《ひろぶみ》、山県有朋《やまがたありとも》らの藩閥政府首脳はその大国主義路線をより強硬にすすめるために反政府的な活動への弾圧を強めるようになった。これは鉄血宰相ビスマルクに感銘した伊藤らが目指した東洋のプロシア、国家主義、大国主義への道であった。

第一回帝国議会で山県首相は明治政府の方針を次のように述べている。「国家独立自衛の道に二途あり。第一に主権線を守護すること、第二に利益線を保護することである」。それは自衛の名における明確な大国主義路線の表明であった。「主権線」は国境であり、「利益線」は具体的には朝鮮半島を示しているが、のちに満州（中国東北部）に拡大される。利益線は隙あれば併合するグレーゾーンであった。ここにその後の軍国主義の種子がまかれていたのである。

こののち政府は、近代天皇制とそれを支える国家思想を形成する目的で、一八八二年に軍人に対して軍人勅諭を、国民に対しては一八九〇年に教育勅語（巻末資料頁）を制定した。政府は各学校には天皇のご真影と教育勅語を置く奉安殿を設置するように義務づけ、教育勅語が学校教育の基本におかれるようになった。その中身は、親孝行、兄弟愛、夫婦和合、友人との信頼など他宗教でも説く一般道徳もあるが、あくまでもその目的とするところは「忠君愛国」などの国家思想の普及と、国家に危機が迫れば永遠に続く天皇に身を捧げなさいという天皇への絶対的忠誠心を国民に植えつけることであった。それにより、天皇制国家の大国主義路線はより鮮明になった。

さらに、日清戦争、日露戦争の勝利、第一次世界大戦への参戦勝利によるわが国の国際的地位の向上、戦争特需による好景気もあり、政府は帝国議会や民衆は政府に従属するものとし、国民より国家が大切であるという国家主義体制を確立させた。その国家が目指すのは大国主義であった。

大久保利通、伊藤博文、山県有朋らの大国主義路線を強行的に進めるためには、民主主義や小国主義を主張する「自由民権」や「民本主義」「社会主義」は障害となる。そのため政府は反対者や批判者を排除するために、天皇を頂点とする祭政一致の国家体制を「国体」として、強固な「国体」づくりを急いだ。そしてわが国の政治は国民全員が守るべき思想として「国体護持」を徹底させ、「国体護持」を大義として反対を許さない翼賛政治（一九四二年、翼賛政治体制協議会結成）へと向かった。

奉安殿に最敬礼する生徒

国体に反する行為は天皇の意志に反する行為として、大逆罪、反逆罪、不敬罪を適用し、検挙し処罰した。一九〇八（明治四一）年に成立した桂太郎内閣は、社会主義者を標的にした監視体制を強化し、そのなかで一九一〇（明治四三）年、明治天皇の暗殺を計画したとして社会主義者、無政府主義者の一斉検挙をおこない（大逆事件）、幸徳秋水《こうとくしゅうすい》ら一二名が処刑された。さらに国体を批判する言論や出版物も取り締まり、国民の言論出版の自由は国家権力によって奪われていった。歴史の逆流の始まりであった。

政府は国体を守るため、つまり国家自衛のためと称して、利益線の拡大という「大義」で満州事変に始まる一五年戦争への道を突き進むことになる。このような路線遂行の先頭に立つ山県は次のように述べて民主主義者に敵意を露わにしていた。「社会主義者や、無政府主義などを受け継いでデモクラシーを説く学者は衆愚に媚びる売名の徒である」として、大正デモクラシーにおける民本主義者らの護憲運動、政党政治の樹立、普通選挙の実施等の要望に対して一部は受け入れながらも弾圧を強めていった。

明治藩閥政府の大国主義は大英国主義、大ドイツ主義に等しく大日本主義であり、民主主義思想や民主主義勢力を抑え込まないと推進できない。そこで政府は民権派の要望を受け入れることよりも弾圧することに重きを置くようになる。しかし、それでも民主主義の主張は自由民権、大正デモクラシーの流れを引き継ぐ民権家、キリスト教者、社会主義者らによって反国家主義、反大国主義、反軍国主義という形で不屈に受け継がれていった。

3 小日本主義と東洋経済新報社

明治政府の大国主義路線に小国主義の立場から果敢に政府批判を浴びせた人物に三浦銕《てつ》太郎《たろう》（一八七四―一九七二）がいる。三浦は東京専門学校（のちの早稲田大学）で経済学を学び、一八九九年に東洋経済新報社（以下、新報社）に入社する。新報社は経済専門の旬刊誌を発行する出版社として一八九五年、町田忠治《ちゅうじ》（のちの民政党総裁）によって創設された。

一八九七年からは経済学者の天野為之《ためゆき》が編集発行を引き継いだ。天野の門下生の三浦は植松孝昭《たかあき》とともにその実務を担当した。著名な社会主義者片山潜《せん》が入社したのは植松の紹介である。一九一〇（明治四三）年、新報社は月刊誌『東洋時論』を創刊し、三浦はその編集長となる。翌年のち主幹となる石橋湛山《たんざん》が編集員として入社している。

植松の死去により三浦は主幹（実質社長）となった。このころ反政府的言論が弾圧されるなか新報社は、民本主義の強い影響を受けて普通選挙法の実施、中国侵略反対等の主張をつづけ、明治政府の大国主義路線に対して根本的な批判を展開した。

民主主義者への弾圧が強まるこの時期、新報社がアンチ大国主義としての小国主義の立場から政府批判をつづけたことは、日本の民主主義運動において特筆すべきことである。その意味で新報社と町田忠治、三浦銕太郎、植木孝昭、石橋湛山らは大正デモクラシーの最前線にいたといってよいだろう。

ここで、小日本主義（小国主義）と戦争への道としての大日本主義について考察してみる。三浦の言動を基に田中彰氏（北海道大学名誉教授）の分析した大日本主義批判としての『小国主義—日本の近代を読みなおす』（岩波書店）より「小国主義」の要約を次に紹介しておきたい。

①領土拡大に反対し保護政策に反対する。

②内治の改善、個人の自由と活動力との増進によって、国利民福をはかる。

③商工業の発展をめざし、産業資本の自由な発展を妨げる軍拡費を削減する。そして小規模の軍事維持を理想とする小軍備主義をとる。

④産業をはじめ思想、道徳、文芸、科学の向上進歩を誇りとする。
⑤産業主義、自由主義、個人主義をとる。

これら五項目は私たち現代人が今、民主主義の観点からみても全く違和感がない。三浦はこれらの主張を彼の手法である統計数字を駆使して検証している。そして、大国主義では戦争と植民地経営（樺太、台湾、朝鮮等）のコストが膨大になり、それが国民の負担増となって、大犠牲となっていることを鋭く指摘した。

小国主義は、言い換えれば事実をありのままに認め、そこから民主主義の土台の上に合理的な政策を考察する理性主義ともいえる。理性によって構築された高い理念は、現代の世界においても、世界の緊張緩和、平和共存のための理念としても通用する。大日本主義はこれらの対極にある。三浦はさらに大日本主義は軍閥の跋扈《ばっこ》と軍人政治の出現を招くと警告している。その警告はやがて事実となって現れる。

石橋湛山

三浦のあとを継いで主幹となったのが石橋湛山（一八八四—一九七三）である。石橋は明治・大正・昭和における日清・日露・アジア・太平洋戦争に至るわが国の戦争の時代に、小国主義に基づく反軍国主義、平和主義を貫いた言論人である。その言論活動はわが国の近現代史に異彩を放っている。八九年間の生涯に吉野作造を凌《しの》ぐ一九〇〇の論文を残した。首相経験者として群を抜く膨大なものである。

思想においても、大正デモクラシーの代表的オピニオンリーダーだった吉野が体制内での民主主義者であったのに対して、三浦や石橋は条件つきでない民主主義を主張した点において吉野を超えている。

4 内村鑑三と新渡戸稲造

国家が軍国主義的色合いを強めていくなかで、キリスト教的信念に基づく非戦・平和主義を唱えたキリスト教者の活躍は、新報社の小国主義者とともに傑出した足跡を歴史に残している。日本と世界の平和と民主主義の発展にその名を刻んだ著名なキリスト教者は、内村鑑三《かんぞう》（一八六一―一九三〇）と新渡戸稲造《にとべいなぞう》（一八六二―一九三三）である。

内村鑑三は高崎藩士の子として生まれた。札幌農学校在学中に洗礼を受ける。一八八四（明治一七）年に渡米し、アーモスト大を卒業し、一八八八年に帰国した。

内村鑑三

一八九一（明治二四）年、内村にしてみれば自分の宗教的信念に基づく行動であったのだが、「教育勅語」の奉読式で、天皇の「御真影」に丁寧にお辞儀をする「奉拝」に心がこもっていないということで、不敬罪に問われ、それならと自ら一高を依願退職した。

その後内村は独自の「無教会主義」を唱えながら、徳富蘇峰《とくとみそほう》の勧めもあり新聞や雑誌に社会問題に関して積極的に発言をつづけた。日清戦争については当初義戦として擁護していたが、日本の勝利で清から多額の賠償金を得たことから、「義戦は海賊まがいの戦争に変じてしまった」、「二億の富と一万の生命を犠牲にした」として内村の考えは非戦論に変わる。

さらに、日露戦争開戦直前、「余は日露非開戦論者であるばかりでない。戦争絶対的廃止論者である。戦争は人を殺すことである。人を殺すことは大罪悪である。大罪悪を犯して個人も国家も永久に利益を収め得ようはずがない」と非戦論を発表し、戦争反対を明確にした。以後、内村は小国主義、平和主義の立場で発言する。

新渡戸稲造は陸奥《むつ》藩士の子で、札幌農学校在学中に洗礼を受けた。選科生として東大で英文学と統計学を学び、一八八三（明治一六）年アメリカのジョンズ・ホプキンス大学、ドイツのボン・ベルリン、ハレの諸大学に留学。一八九一年（明治二四）帰国後、札幌農学校教授、京都帝大教授、東京帝大教授を歴任した。

第一次世界大戦終結後の一九二〇（大正九）年国際連盟が発足し、日本が常任理事国となった際、新渡戸はその豊かな教養と人格そして卓越した語学力が認められ、国際連盟事務次長に就任した。のちに「国際連盟の星」と呼ばれるほどの活躍をした。いまだに日本から新渡戸以上の国際人は現れていない。

新渡戸稲造

新渡戸は世界の平和活動を進めるため、まず各国際機関からの情報を集めるために手紙を出したり自ら訪問したりして、精力的に情報を集めた。特筆すべきことに、新渡戸の発案による平和活動のひとつとして戦争回避のための「知的協力委員会」の設立がある。新渡戸は設立のためにアルベルト・アインシュタインやキュリー夫人に直接会うなど東奔西走した。その結果、一二人の著名人による委員会を開設することができた。この委員会は第二次大戦後ユネスコに引き継がれ現在に至っている。

5 クラークと札幌農学校

内村と新渡戸は一歳違いだが、札幌農学校の二期生として同期入学の俊才であった。二期生一八人のうち内村は総合一位、新渡戸は三位であったが、英語はいつも新渡戸がトップだった。

札幌農学校は一八七六年に北海道開拓の指導者育成を目的に創立された大学で、現在の北海道大学の前身である。政府はアメリカ開拓を模範とすべくマサチュセッツ農科大学の学長ウイリアム・クラークを日本に招いた。

農学校であるから農学に特化している印象があるが、実際には人文科学、社会科学も重

クラーク博士

札幌農学校

視された総合大学であった。クラークは指導者にふさわしい人格教育も時の政府高官の黒田清隆から要請されていた。そこで熱心なクリスチャンであったクラークは、在任期間は一年足らずであったが、道徳教育に聖書を取り入れて人格教育にも尽力した。

内村と新渡戸はクラークの教えを直接受けることはなかったが、在学中にキリスト教の洗礼を受けた。サムライの子が札幌農学校でキリスト教に出合ったことになる。札幌農学校の校風と封建性が希薄な北海道の風土がキリスト教や新しい学問を抵抗なく受け入れさせたのかもしれない。

のちに新渡戸が「札幌農学校の授業全般のレベルは高く、教養豊かな高級官僚を育てるような授業だった」と回想しているように、当時の札幌農学校の英語教育は日本で最高レベルであったといわれている。後年新渡戸は選科生として東京帝大で英語の授業を聴講するが、先生も学生もレベルが低いのに愛想を尽かし、一年で辞めてアメリカに渡った。今でこそ英語で授業する学校はあるが、札幌農学校は創立当初からすべての授業が英語でおこなわれていたから、新渡戸がそう回想したのも無理からぬ話ではあった。

6 民主主義の継承と石橋湛山

小日本主義で前述した石橋湛山が、強い影響を受けたと述べている山梨県立尋常中学校（現甲府第一高等学校）の校長であった大島正健《まさたけ》は、札幌農学校一期生一三名中のひとりであった。大島はクラークから直接薫陶を受けている。大島は従来の校則や「……べからず教育」を排し、クラークから学んだ自主性を尊ぶ個人主義やアメリカ民主主義を教え実践した。そんな大島の教えを受けた石橋はのちに、「なるほど真の教師とはかくあるものか」と「湛山回想」で述べている。

山梨での中学校時代の校友会雑誌に石橋の活動記録が残されている。発見者の浅川保氏の著書『石橋湛山』に「石橋湛山と中江兆民」という章がある。そこに校友会雑誌一四号（一九〇一年一二月号）に掲載された石橋の「湛山随想」が紹介されていて、中江兆民について次の記述がある。

「気骨のある、面白い、当代には得難い人物である」「其の生前の遺稿として出版した〈一年有半〉というのを読んでみたが、相変わらず、気焔万丈である」と高く評価し、さらに中江の師たる存在のルソーについて「フランス当代の照明」「近代文明の祖」と讃《たた》えている。ここにも時空を超えた、ルソー・中江兆民・石橋湛山という民主主義思想の継承を確認できる。

余談であるが、前述の内村と新渡戸というふたりの秀才には共通の背景がある。それは、ふたりとも佐幕派の藩の武士の家の生まれであったので、戊辰《ぼしん》戦争において佐幕派が敗北すると、ふたりとも「賊軍」の子という立場になったことである。そのことが将来の活路を学問に求めさせたのかもしれない。ちなみに政府の中枢で活躍した原敬《たかし》（首相）、後藤新平（内相）、斉藤実《まこと》（首相）も賊軍の子であった。

7 民主主義の弾圧と軍国主義

吉野作造、内村鑑三、新渡戸稲造、石橋湛山らがオピニオンリーダーとして活躍する民主主義運動（大正デモクラシー）が進む一方、大国主義の道を直走《ひたはし》る政府（田中義一内閣）は、一九二五（大正一四）年、思想を裁く天下の悪法「治安維持法」を成立させた。このとき、護憲運動のひとつの主張であった普通選挙法（ただし選挙権は男子のみ）も同時に成立させた。アメとムチの典型といっていいかもしれない。

治安維持法の第一条は、「国体ヲ変革シ又ハ私有財産制度ヲ否認スルコトヲ目的トシテ結社ヲ組織シ又ハ情ヲ知リテ之ニ加入シタル者ハ十年以下ノ懲役又ハ禁固ニ処ス」。その後、最高刑は死刑、無期刑に重罰化し、取り締まりを一段と強化した。国体の変革も目的遂行も未遂も取り締まる側の解釈によることになるので、弾圧は拡大し共産主義者、社会主義者のみならず、民主主義者、自由主義者にも拡大した。同法による送検者は七万人を超えた。

これは天皇制に反対する日本共産党を最大の弾圧対象としたものと思われるが、多くの活動家や言論人である文化人も弾圧の対象となった。プロレタリア作家の小林多喜二（拷問による虐殺死）、哲学者の三木清もその犠牲（獄中で病死）となった。

治安維持法により政府批判は国体批判と同じとされ、これで表立っての政府批判は封殺された。

横たわる小林多喜二と見つめる友人たち

封殺は国体護持と一体となった翼賛政治、軍国主義への一直線の道であった。それでも一部ではあるが反軍国主義、不服従の活動（キリスト教信者や徴兵拒否を貫いたトルストイ研究家の北《きた》御門《みかど》二郎《じろう》ら）は地下水脈として戦後まで不屈に継続した。この経過から言論統制こそ戦争への入り口であり、治安維持法は戦争へ直結していたことを忘れてはならない。
軍部は天皇の「統帥権干犯」問題――軍隊の指揮命令権は政府ではなく天皇の大権（権限）であり、政府の介入は天皇の権限を侵すもの――や陸軍大臣の任命問題――陸軍の意向に沿わない政府には大臣（陸軍大臣）を出さない――など、政府を揺さぶり政府への介入を強めながら徐々に政治の実権を掌握していった。

政府は軍部の政治介入を抑えられないだけでなく軍部の暴走を止められず、一九三一年の日本軍の謀略による南満州鉄道爆破に始まる「満州事変」から一九四五年のポツダム宣言受諾による日本の敗北、アジア・太平洋戦争終結までの軍国主義による一五年戦争に突入していった。この戦争によって、日本国民三一〇万人、アジア人二千万人以上という未曽有の犠牲をわが国とアジア諸国にもたらしたのであった。

ここで明確にしておく必要があるのは、この戦争は政府・軍部が唱えたアジアの植民地解放をめざしたものではなく、アジア諸国の日本への服従の強制と資源の略奪を目的とした明らかな侵略戦争であったことである。

III章

敗戦直後の憲法論議と日本国憲法の成立

1　アジア・太平洋戦争の終結

政府は一九四五（昭和二〇）年八月一四日、「御前会議」においてポツダム宣言受諾を決定し、日本は連合国に対して無条件降伏をした。翌一五日、天皇によるいわゆる「玉音放送」で国民にそのことを告げ終戦となった。

ポツダム宣言発表に至る経過を簡単にたどることにする。連合国はすでに一九四三年、日本の降伏を想定してエジプトのカイロで、米（ルーズベルト）、英（チャーチル）、中（蒋介石）の三者が会談し、同年一一月にカイロ宣言を発表している。

その内容は日本の占領地域の放棄と返還、朝鮮の独立、そして米英中の三国が協力して日本軍の無条件降伏に至るまで対日戦を遂行することを確認するというものである。この内容はそのまま一九四五年のポツダム会談に受け継がれている。

一九四五年二月には旧ソ連のクリミアのヤルタで米（ルーズベルト）、英（チャーチル）、ソ（スターリン）三国によるヤルタ会談が開催された。主要なテーマはドイツ、日本の降伏を想定しての国際連合の設立と戦後世界秩序構想であった。なお三国は秘密協定として、ドイツ降伏後三カ月内にソ連の対日参戦と南樺太と千島列島のソ連帰属に合意している。ここにソ連側の千島列島占領の根拠があり、戦後の北方領土問題へつながっている。

このような経過を経て、一九四五年七月一五日から八月二日までドイツのベルリン郊外のポツダムで米（トルーマン）、英（チャーチル）、ソ（スターリン）によるポツダム会談が開かれた。全体としての内容は、すでに降伏しているドイツの戦後処理方針、日本の降伏勧告と対日処理方針である。米英ソの会談で決定したものに中国の同意を得て、七月二六日にポツダム宣言が発表された。ソ連も八月八日対日参戦と同時に宣言に参加した。

回答を求められた日本政府の鈴木貫太郎内閣はここにきても意見がまとまらず、七月二八日に宣言を「黙殺」すると発表した。二八日に宣言を受諾していれば広島、長崎への原爆投下はなかったことになる。

2 ポツダム宣言

ここで日本政府が公式に受諾し、戦後の新生日本の原点となったポツダム宣言の内容を確認しておきたい。その要旨をみておくことにするが、この宣言こそが連合国の対日政策の基本となったもので、日本の戦後レジームの原点となったものである。

全体で一三条からなるが、宣言の要旨は次の七項目である。

①日本の軍国主義の駆逐（六条）
②連合国による日本の軍事占領（七条）
③日本の主権領土の確定（八条）
④戦争犯罪人の処罰（一〇条）
⑤基本的人権の尊重と日本国民の間における民主主義的傾向の復活強化（一〇条）
⑥再軍備と軍需産業の禁止（一一条）
⑦日本軍の無条件降伏（一三条）

これらはＧＨＱ（連合国軍最高司令部）により実行され、日本軍は解体され日本軍国主義は終焉《しゅうえん》を迎えた。以後、この宣言に基づきGHQによる占領政策が順次実行されていった。

思えばそれは一八五三（嘉永六）年、江戸湾に黒船来航から九二年後の出来事であった。

一九四五（昭和二〇）年、第二の黒船ともいうべき米戦艦ミズーリ号（約五万トン）が戦争勝利者として同じ港湾に入港という事態を迎えた。ペリー来航によって開国し、富国強兵、大国主義の道を直走《ひたはし》りに走りつづけた日本は、ミズーリ号の東京湾入港とその艦上で、大国主義、軍国主義の終焉を迎えたのであった。

日本の国際社会復帰となる一九五一（昭和二六）年のサンフランシスコ平和条約調印まで考えると、黒船来航からこの日まで約一世紀あった。この期間の日本の近現代史の検証は、日本の進むべき方向を考察するとき、国民にとって、とりわけ政治家にとって最大の糧としなければならない。しかし、戦後の歴代政府はこの過去の歴史に真摯《しんし》に向き合う熱意と努力に欠けていたといわざるをえない。

九月二日、東京湾に入港した米海軍最強の軍艦ミズーリ号艦上で降伏文書の調印式が行われた。艦上には二本の星条旗が掲げられていた。ひとつは四八州の星条旗、もうひとつはペリー艦隊のあのときの三一州の星条旗であった。

日本側は政府全権の重光葵《しげみつまもる》外相、大本営全権の梅津美治郎《よしじろう》参謀総長らで、連合国はマッ

ミズーリ号艦上での調印式　座して署名しているマッカーサーと立っている重光外相（眼鏡の人）

カーサーら英仏等一一カ国代表が調印した。イタリア、ドイツはすでに降伏していたので、この日が世界史においては第二次世界大戦の終戦日となった。したがって、日本の終戦記念日も正式には九月二日が正しい。

前述したポツダム宣言で注目すべき一項目がある。それは一〇条、「日本国政府は日本国国民の間に於ける民主主義的傾向の復活強化に対する一切の障碍《しょうがい》を除去すべし。言論、宗教、及び思想の自由並びに基本的人権の尊重は確立されるべし」。

連合国は、戦後の日本に対して民主主義の復活強化と人権の確立を求めたのである。これはわが国における日本人独自の明治時代からの民主主義運動を認識しての勧告と捉《とら》えることができる。

わが国における民主主義の復活強化は、アジア・太平洋戦争における敗北という衝撃によって国家思想に亀裂が生じ、表層にあった国家主義・大国主義が沈下し、下層にあった民主主義が一気に表層に現れた感がある。

そのことについて、前述の石橋湛山は終戦後の八月一八日、日記に次のように記している。「考えてみるに予はある意味に於いて日本の真の発展の為に米英等と共に日本内部の逆賊と戦っていたのであった。今回の敗戦が何等予に悲しみをもたらさざる所以である」。

これは、おそらく戦前戦中軍国主義に反対し、わが国の平和と民主主義のために戦った人々の共通の心境だったにちがいない。

3　GHQの占領政策

ポツダム宣言を受諾したわが国は連合国の占領下（一九四五—五二年の七年間）に入った。

わが国が他国の支配に服することになったのも史上初めての事態であった。

連合国司令長官であるダグラス・マッカーサー（一八八〇―一九六四）は、日本に対する統治形態としてわが国国民の自主性を尊重して間接統治という占領政策を選択した。これは、当時の政府を温存し、ポツダム宣言に基づく連合国の命令を日本政府が執行するというものである。通常、革命や戦争敗北の場合は政府の構成員は総入れ換えで刷新されるが、間接統治によって、日本政府は戦後も戦争推進者を除く（公職追放）旧体制が温存されることになった。

ここで注意しなければならないのはマッカーサーの立場である。彼は連合国の司令長官であるが、独裁者ではないということである。彼はGHQの上位にある連合国極東委員会（ワシントンに設置、一一カ国加盟）、やアメリカ政府の意向に沿って占領政策を進めたのである。

日本に対する間接統治もそのような状況から選択した統治方式であった。それに対してわが国の対応はどうであったか。戦後初の内閣である東久邇宮《ひがしくにのみや》内閣（八月一七日―一〇月五日）は、戦後の国民の動揺を鎮静化させる目的で登場した歴史上最初で最後の皇族内閣であったが、早期に天皇とマッカーサー会談をおこなうことを決定し、木戸内大臣を中心に準備を進めた。

4　天皇・マッカーサー会談

一九四五（昭和二〇）年九月二七日、アメリカ大使館で天皇とマッカーサーのトップ会談が実現した。その後両者の会談は非公開の約束で合計一一回開催されるが、第一回会談において天皇とマッカーサーの衝撃のツーショット写真が新聞に掲載された。敗戦によって何がどう変わったのか、国民の目にはこの一枚の写真が、敗戦後の日本の立場を理解するのにほかの何よりも説得力があった。ふたりは横に並んでいる。天皇は正装で直立不動、マッカーサーは八月三〇日に厚木に降りた時と同じ開襟シャツの軽装の軍服である。

戦後初めてのこのトップ会談で天皇はどうしてもマッカーサーに伝えたかったことがあったと思われる。会談の内容は、それぞれの資料に信憑性《しんぴょうせい》に問題があるので鵜呑みにはできないが、『マッカーサー回顧録』や通訳、侍従が残した記録から概略は判明している。

その『マッカーサー回顧録』に戦争責任に関する天皇の次の発言がある
「私は国民が戦争遂行にあたって政治、軍事、両面でおこなったすべての決定と行動に対する全責任を負うものとして、私自身をあなたの代表する諸国の採決に委ねる」。
天皇はこの会見以前にニューヨークタイムス記者と接しており、そのなかでの戦争責任に関する東条英機批判の部分を修正したい思いが会見の意図であったともいわれている。

昭和天皇とマッカーサー

天皇は以後一〇回にわたりマッカーサーと会談しているが、天皇の戦争責任の問題、天皇制の存続問題、日本の安全保障の問題が主要なテーマであったようだ。国民主権を明確にした新憲法である日本国憲法が一九四七年五月三日に施行されているので、一九四七年五月六日の第四回の会談以降も、天皇は日本の安全保障への不安等、国家の基本に関する発言をしているが、それは政治的権能を失い国民の象徴となった日本国憲法下における超法規的発言となる。マッカーサーは日本の防衛という天皇の不安を理解していた。そこに今日の日米同盟体制の伏線があった。

天皇は会談を重ねるうちに天皇制の存続に確信をもち、マッカーサーも天皇の戦争責任を不問にし、日本の社会状況と国民性を考え、その最大の使命である日本の占領政策をスムーズに進めるうえでも天皇制を存続させるほうが得策と考えるようになった。

さらに反共主義者のマッカーサーは、日本の安全保障に関する天皇の不安に応えながら、天皇制に強く反対しているソ連に脅威を感じている天皇と急速に親密になっていったことも考えられる。このときすでに非公式ながら日米同盟につながる話し合いがされていたのである。本国のアメリカ政府もソ連を北方に封じ込め、日本の占領政策をアメリカ主導で進めようという方針を固めていた。このときすでに戦後の米ソの冷戦と日米同盟の兆しがあったのである。

5 幣原喜重郎の登場

戦後初の首相となった東久邇宮《ひがしくにのみや》は国体の中央にいた皇族であり、明治憲法時代の国体護持の旧思考からの脱却ができないひとりであった。結局、GHQの民主化指令に対応できず二カ月足らずで総辞職した。

そこで政府は東久邇宮の後継者選びに奔走した。アメリカ通で日独伊三国同盟締結に反対し反軍部のイメージが強い外交官の吉田茂が後継候補に挙がった。内大臣の木戸と元首相の近衛《このえ》が説得したが、吉田は内政には自信がないとして固辞した。しかし、吉田は「高齢ですが、今日彼以外にこの時局を乗り切れる人材はいない」として、若槻内閣、加藤内閣、浜口内閣の三内閣で外相を務めた外交官の先輩である幣原《しではら》喜重郎《きじゅうろう》（一八七二―一九五一）を推薦した。

幣原はアメリカ側から反感をもたれない、戦争責任の疑いがない外交官としての信頼が高かった。とくに外交官としての幣原は、第一次大戦後のヴェルサイユ・ワシントン体制を尊重し、軍部からは軟弱外交と非難されたが、列強とくに英米と協調し、中国とは内政不干渉の方針を貫いた。幣原の国際協調主義は欧米でも「バロン（男爵）シデハラ」として高く評価されていた。その名声は小村外交、陸奥外交とともに幣原外交として歴史に刻まれている。

そこで吉田、近衛、木戸は一致して幣原に首相就任を要請した。幣原は政治の一線を離れているし高齢（このとき七三歳）を理由に断った。しかし、一九四五年一〇月六日、幣原喜重郎はこの件で天皇に直接会うことになった。天皇も状況をよく認識しており、天皇からも直接就任を要請された。このときはまだ首相の任命は大命降下、つまり天皇の専権事項であった。幣原は天皇が大正天皇の摂政のとき「ワシントン会議では、病気を押してよくがんばってくれた。一日も早く体を治してこれからもお国のために尽くしてほしい」という「裕仁《ひろひと》親王」の言葉が忘れられない幣原は「最後の奉公」として天皇の要請を受け入れた。

6 幣原と戦後改革

幣原首相はＧＨＱの求める民主化指令、戦後改革に着手した。最初に一九四五年一〇月四日発表の「人権指令」と一一日発表の「五大改革」の実行に取り組んだ。
五大改革とは、
①女性参政権の付与
②労働組合の結成の奨励
③教育の自由主義的改革
④秘密警察等の廃止
⑤経済機構の民主化
である。
①は一九四五年一二月に実現。
②は戦前無権利に近い状態にあった労働者の権利を保障するための法整備である。一九四五年に労働者の団結権、団体交渉権、争議権を認めた労働組合法、一九四六年に労働委員会による斡旋、調停、仲裁を定めた労働関係調整法、一九四七年に八時間労働制等労働条件の最低条件を定めた労働基準法の労働三法が制定された。
③は国家主義教育から民主主義教育へ大転換を進めるため、一九四七年に民主主義教育の目的や、九年間の義務教育、男女共学等を定めた教育基本法、同じく一九四七年に六・

三・三・四制の教育体系の確立、義務教育を小、中学校九年とする等を定めた学校教育法、一九四八年に教育の民主化、地方分権化等を定めた教育委員会法の教育三法を制定した。

④は政治犯釈放、治安維持法、特別高等警察廃止で実行。

⑤は一九四五年一一月より財閥解体、農地改革として実行に着手した。

これらはいずれも現代につながる歴史的改革であり、これらによって日本の民主化が一気に進むことになった。

日本の民主主義運動である自由民権運動、大正デモクラシーが国家主義、大国主義・軍国主義によって弾圧され地下水脈になっていたが、敗戦という衝撃とGHQという外圧により、戦前の民主主義運動と戦後のGHQによる民主化政策が接続し一体となり、わが国の民主化は一気に進むことになった。この時点において、GHQは歴史的には日本における民主主義の推進者という役割を果たしたことになる。

歴史の発展は民主主義の発展が本流であり、国家主義、大国主義は歴史の逆流である。国家主義、大国主義はわが国においても民主主義の大きな流れに抗しきれずその末路を迎えたことになる。

わが国の民主主義はGHQによる戦後改革によって一気に復活強化され、さらに新憲法である日本国憲法の誕生により、日本人自らの手によって、戦後改革により日本の民主化が急速に進展していくことになった。新憲法を国家建設の基本とする新生日本は国民主権、基本的人権の尊重、平和主義（戦争放棄）を三大原理とする民主主義国家をめざすことになったのである。

幣原の最後の大役は明治憲法に代わる新憲法をつくることであった。一九四五年一〇月一一日、幣原はマッカーサーと就任後初めて会談した。英語の達人に通訳は不要であった。マッカーサーはポツダム宣言の実行にあたっては日本国民が長年にわたって服従させられてきた社会秩序は転換させなければならないこと、そのために憲法は自由主義化させる必要があるとして、前述の五大改革を書いた文書を読み、幣原に手交した。幣原は「憲法の自由主義化」は憲法改正と理解し、戦後改革を進めるためにも憲法改正が必要と考えた。そこで閣内に国務大臣の松本烝治《じょうじ》を委員長とする憲法問題調査委員会（松本委員会）を設置することにした。改正で閣内が一致していたわけではないので名称は改正が必要かどうかも含めての意味合いで調査委員会となった。

7　天皇の人間宣言

このころ天皇をめぐって大きな動きがあった。

学習院院長の山梨勝之進《かつのしん》が幣原を訪ねてきた。山梨はワシントン、ロンドン両軍縮条約で条約締結推進者として幣原とともに活躍した人物である。山梨は同席の外相吉田に手紙を渡した。それは後に「天皇の人間宣言」と呼ばれる詔書（「新日本建設に関する詔書」）の案文だった。案文は、山梨が学習院で英語教師として雇っているレジナルド・ブライスが総司令部で知り合ったハロルド・ヘンダーソンと相談してつくったものである。ヘンダーソンはコロンビア大学で日本美術を教える知日派の学者であった。

案文は天皇の側近を通じて天皇自身も望むところであることを確認していた。ヘンダーソンは同じ案文をマッカーサーにも見せた。マッカーサーは「よいアイデアだ」として提案に賛同し、これから日本の民主化を進めていくうえで「天皇の人間宣言」は大きな推進役となると考えた。

案文を見た幣原は、当初はその必要性に疑問をもったが、天皇も望んでいるということを知って、ブライスの案文を自ら成文にすることにした。幣原はできあがった草案を、秘書官の福島慎太郎に日本語に翻訳するように指示した。

完成した詔書は、翌年の一九四六（昭和二一）年一月一日の新聞の一面に掲載された。それは天皇の神格を否定した人間宣言と呼ばれている。この詔勅のなかで初めて臣民（家来）に代わって国民という用語が用いられた。

同年一月二四日、幣原は再びマッカーサーと会談した。この日の会談は国の運命に関わるトップ会談となり、じっくりと話し合われた。最大のテーマは天皇の戦争責任と天皇制の存続問題である。幣原としては一番気になることは天皇制の存続の保証を新憲法に明確にできるかどうかであった。

このときGHQは、天皇の戦争責任に関する直接の証拠が見当たらないこと、国民の天皇に対する深い敬愛があること、天皇制を廃止すれば、占領政策に多大なコストとリスクがかかることを米政府に報告し、米政府も了承していた。したがってGHQと米政府は天皇制存続に傾いていた。そのことを天皇も幣原もそれぞれの会談を通して存続の感触を得ていた。幣原は、連合国のなかには天皇制の存続に反対している国（ソ連やオーストラリアなど）があること、また、アメリカ国内にも天皇制存続に反対し天皇の戦争責任を問う声が少なからずあることも知っていたが、この日の会談においても天皇制存続を再確認することができた。

8　憲法問題調査委員会

さて、松本委員会であるが、松本はもっとも保守的な学者のひとりでもあったので、戦争敗北によっても価値観の転換ができなかったひとりである。

松本委員会は数回開かれたが、その作成した新憲法草案内容は、明治憲法と本質的に変わらず一部手直しにとどまるものであった。その委員会の審議内容が「試案」の段階で一九四六（昭和二一）年二月一日の毎日新聞の一面トップにスクープ掲載された。

その内容を知ったマッカーサーは、そのような内容では自分としても受け入れることはできないし、極東委員会においても容認されないだろうと嘆いたという。つまり松本試案（憲法改正要綱　巻末資料頁）は、日本が受諾したポツダム宣言の核心部分に反していたのである。

無理もないところがある。史上第二の歴史の大転換期に遭遇した政治家や政府役人たちである。敗北によっても価値観の転換は困難であった。誰でも過去の自分を否定したくない。思想的にも動揺することなく貫徹したい気持ちもある。戦後政府の閣僚たちであっても「大日本帝国ハ万世一系ノ天皇之ヲ統治ス」(第一条)、「天皇ハ神聖ニシテ侵スヘカラス」(第三条)という明治憲法とともにあった人たちである。天皇制国家を守るための「国体護持」を大義に、治安維持法の下、不敬罪、反逆罪等により民衆を取り締まった側の人たちである。それが、ポツダム宣言にある民主主義の復活強化、言論、宗教および思想の自由、基本的人権の保障という価値観の転換を求められても、それを受け入れることは困難であった。戦後初の首相であった前述の東久邇宮《ひがしくにのみや》が戦後も国体護持のため検閲を続けようとして辞任したのも理解できる。

結局マッカーサーは、政府部内の日本人に価値観の転換を求めることはむずかしいとして、ポツダム宣言を基本とした憲法をつくることは無理だと判断した、そこで二月三日、民政局長官のホイットニーを呼び、新憲法のモデル案をつくるよう指示した。

9 マッカーサー草案

マッカーサーは憲法草案起草にあたり、ポツダム宣言に基づき次の三原則を示した（マッカーサ三原則）。

①天皇は国家元首の地位にある
②戦争の放棄
③封建制度の廃止

指示を受けたホイットニーは翌二月三日民政局員を招集し、日本国憲法草案（マッカーサー草案、以下「マ草案」）を一週間でつくることを通達し、全体の責任者に民政局次長のケーディスを任命し、二五人の委員にそれぞれ分担させて草案を起草させることを決めた。

ケーディスはワシントンで国家政策であるニューディール政策の法務に携わった経験がある。一週間の期限は尋常ではないが、それには重大な事情があった。二月二六日に一一カ国（のちに一三カ国）の連合国で構成する極東委員会が発足することになっていたからである。アメリカとしては、日本の占領政策を他国の介入を排除してアメリカ主導で進めたいという本心がある。よって、極東委員会の承認を得るためにも、日本人による日本国憲法を早期に制定し既成事実としたいという強い意思があり、それがモデル案（マ草案）の提案となった。

前文は民政局のハッシーが担当し諸文献を参考に策定した。戦争放棄の九条はケーディスが担当した。ベアテ・シロタ・ゴードン（一九二三―二〇一二）も草案作成に加わることになった。ベアテは六歳のときピアニストの父とともに来日し、一六年間戦前の日本で生活し、その後アメリカの大学を卒業し、雑誌『タイム』のリサーチャー（研究員）の仕事の経験がある。彼女もケーディスの下で、その経歴と語学力（日本語、英語、独語、仏語、露語が堪能だった）を買われて委員になった。

ベアテ・シロタ・ゴードン

ベアテは他の委員のためにも都内の図書館を秘密裏に訪ね、アメリカ憲法、ワイマール憲法、ソビエト憲法等欧米の憲法等の法典を収集した。ベアテは日本の女性が低い地位にあったことをよく知っており、とくに女性の地位向上のために発言し尽力した。ベアテの主張は全面的に受け入れられることはなかったが、憲法二四条（両性の平等）のなかに「私の主張したことが含まれている」と語っている（「映画日本国憲法」）。

一九四六年二月一三日は、新憲法の制定過程にとって歴史的な日である。日本の外相公邸に民政局長ホイットニー、民政局次長のケーディス、ラウエル中佐、ハッシー中佐の四人のＧＨＱ運営委員会の幹部、つまり、新憲法作成のリーダーたちが訪ねてきた。

彼らは日本側が提出した憲法改正案（松本案）は保守的すぎて現状維持に過ぎないので受け入れられないことを告げ、日本政府案に代わってこの案（マ草案）を基に再提出するように要請した。つまり、ＧＨＱは松本案の内容を毎日新聞のスクープにより大方予想していた。そこでＧＨＱは日本政府はポツダム宣言を受諾したにもかかわらず、価値観の転換ができず、ポツダム宣言に沿った自主憲法の制定は困難と判断したのである。

ひとつ象徴的な条文を例示する。明治憲法第三条「天皇ハ神聖ニシテ侵スヘカラス」とあるが、松本私案ではその第三条「天皇ハ至尊ニシテ侵スヘカラス」と「改正」した。「神聖」を「至尊」という言葉に変えただけで内容は変えていない。ＧＨＱ側はポツダム宣言に反する松本案の受け入れを拒否した。ＧＨＱは毎日新聞のスクープにより、松本案の内容を事前に察知していたので、政府案（松本案）に代わるＧＨＱ独自の草案（マ草案）を用意していたのである。日本政府に渡されたマ草案は、政府の想像を超える内容であった。

10 日本国憲法の誕生

民政局次長のケーディスを責任者とする運営委員会は各委員に役割を分担し、マッカーサー三原則を基に一週間を期限として総力を挙げて草案作成に取り組み、完成させた。マ草案を受け取った政府はＧＨＱに督促され三月四日に、松本案を修正し「改正案」を提出した。

しかし、それでも両者の相違は解消されず、日本政府側の保守的な松本とＧＨＱの革新的なケーディスの両責任者は合意をめざして、激論を交わしながら調整作業に没頭した。その過程で原案の一院制が二院制に修正されるということもあった。

徹夜の作業で合意したのが、三月六日発表された憲法改正要綱（巻末資料頁）である。その後この要綱を条文化して、正式に「帝国憲法改正案」として六月二〇日、第九〇回帝国議会衆議院に提出された。

帝国議会では、八月二四日衆議院本会議で可決、一〇月六日貴族院本会議で可決、一〇月二九日、枢密院本会議でも可決した。よって、帝国議会において帝国憲法改正案は国会三院において可決され、新憲法である日本国憲法（巻末資料頁）が成立し一一月三日に公布され、翌一九四七年五月三日に施行となった。新憲法である日本国憲法の施行により貴族院と枢密院は廃止された。

マッカーサーの指示から帝国議会三院での審議を経て日本国憲法が誕生する経過を見てきたが、この経過のなかに現在の憲法問題のひとつが含まれている。それは日本国憲法が、日本国民がつくった自主憲法ではなく、マッカーサーが押しつけた「押しつけ憲法」であるとする批判である。

当時の政府案である松本案がマッカーサーに拒否されたことを考えると当時の政府や明治憲法下の天皇制国家の継続を望む人たちにとっては新憲法は確かに「押しつけ憲法」になるであろう。しかし、ポツダム宣言を理解し、価値観の転換を図った人々にとっては、それは新生日本の象徴ともいうべき歓迎すべき新憲法であった。

一九四六年に総選挙が施行され、新憲法案は新しい議員による新しい議会で六カ月以上の期間をかけて十分な審議をして三院で正式に可決されている。途中議論のなかでいくつかの修正もされている。

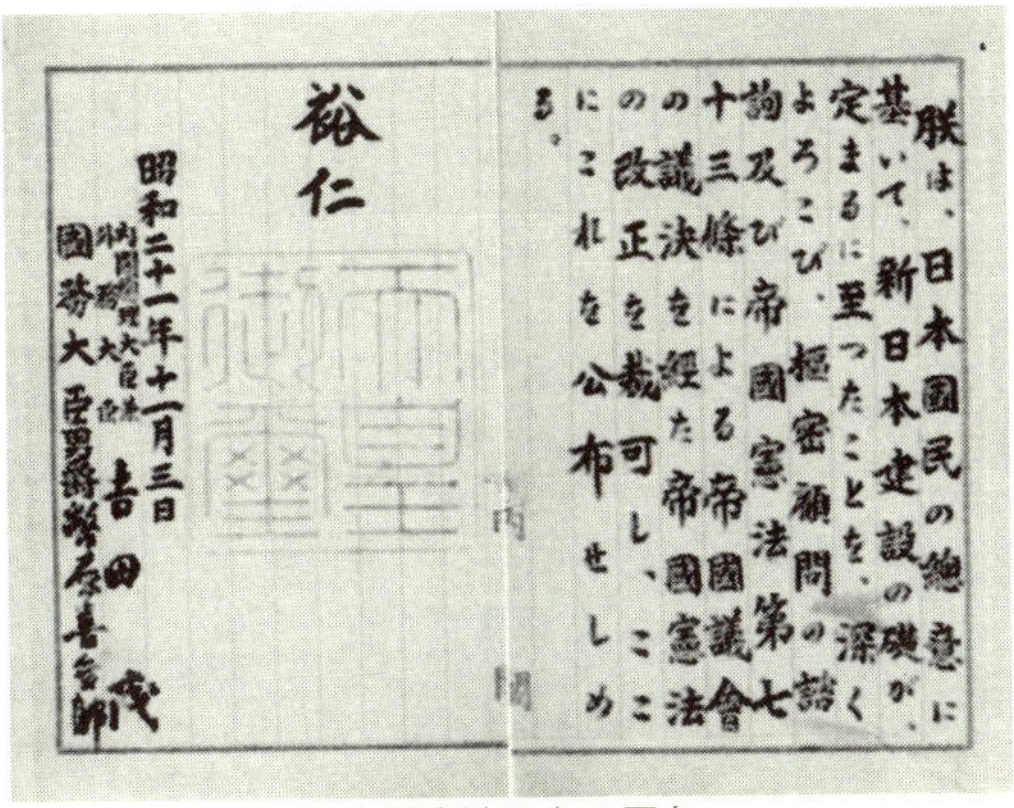
朕は、日本國民の總意に基いて、新日本建設の礎が、定まるに至つたことを、深くよろこび、樞密顧問の諮詢及び帝國憲法第七十三條による帝國議會の議決を經た帝國憲法の改正を裁可し、ここにこれを公布せしめる。

裕仁

昭和二十一年十一月三日

内閣總理大臣兼外務大臣 吉田茂

國務大臣 男爵 幣原喜重郎

日本国憲法公布の署名

ひとつは芦田修正といわれるもので、衆議院小委員会委員長の芦田均《ひとし》（のちに首相）が憲法九条二項のはじめに「前項の目的を達するために」を挿入させたことである。これは新憲法が他国の戦争に関与しないこと（集団的自衛権の不行使）を明確にしたものと思われる。しかし、自国への侵略に対する自衛措置（個別的自衛権）は、国家固有の権利として一般的に認められている。わが国憲法においても否定はしていないと解される。

もうひとつは極東委員会の申し入れによる修正で「文民条項」が追加されたことである。憲法六六条に

「内閣総理大臣その他の国務大臣は、文民でなければならない」が追加されたことである。これは軍部の政府への介入を抑えられなかった戦前の教訓から追加されたものである。

注意すべきは、マ草案は日本の国会で十分審議され、マッカーサーによるアメリカ型の政治のシステムの押しつけはないことである。彼は絶えず本国アメリカと連絡をとっていて、草案起草にあたって三原則は述べたが、草案への関与には慎重であり、あくまでもポツダム宣言に基づくことを求める姿勢であった。政治システムにおいて、アメリカは連邦制に基づく大統領制であり、議会は上院優位の二院制であり日本と大きく異なる。

さらにマッカーサー原則のひとつである「元首天皇」さえも「象徴天皇」へと大きく修正されている。新憲法は全体としてアメリカより議院内閣制のイギリスの政治システムに近似性がある。ＧＨＱ民政局の新憲法起草委員会は、侵略国日本が戦後国際社会に復帰するとき、平和主義国家の世界のモデルとして復帰するなら、天皇制の存続も含めて国際社会は受け入れるだろうと考えた。そういう方針のもとに、短期間ではあったが総力をあげて平和主義のモデルにふさわしい理想的な憲法起草に挑んだのである。

新憲法は理想を求めて世界の憲法や思想を採り入れようとした。それにはアメリカの思想も組み込みこんだ。新憲法前文にその痕跡がある。新憲法の前文担当であった民政局のハッシー中佐は前文作成にあたっては次の歴史的文書を参考にしたと思われる。
①アメリカ独立宣言（一七七六年）
②アメリカ合衆国憲法（一七八七年）
③リンカーン大統領の演説（一八六三年）
⑤大西洋憲章（一九四一年）
⑥テヘラン宣言（一九四三年）
等である。これらは新憲法の前文に直接的影響がうかがえる歴史的文書である。前文の中のふたつを例に挙げることにする。

まず①に例をとる。①の中に「われらとわれらの子孫のために自由のもたらす恵沢《けいたく》をもってここにアメリカ合衆国のためにこの憲法を制定し確定する」とあり、新憲法の前文にも「われらとわれらの子孫のために（中略）わが国全土にわたって自由のもたらす恵沢を確保し、（中略）この憲法を確定する」とありほぼ同じである。
⑤では「すべての国のすべての人類が恐怖及び欠乏から解放されて、その生命を全うすることを保障するような平和が確立されることを希望する」とあり、前文では「われらは、全世界の国民が、ひとしく恐怖と欠乏から免れ、平和のうちに生存する権利を有すること

を確認する」とあり近似性が高い。

この二例でも明らかなように、新憲法の目的が世界の社会進歩の思想を取り込み、世界の平和の理想となることをめざしたものであったことが前文から読み取れる。

九条の「戦争の放棄」については委員会の責任者であるケーディスの担当であったが、施行後も議論がつづいている。経過については諸説あるが、天皇制の存続と不可分の関係で条文化された可能性が高い。発案者も諸説あるが、①幣原喜重郎説、②マッカーサー説、③幣原・マッカーサー共同発案説、④民政局発案説等である。

マッカーサーは天皇や幣原首相と会談するなかで、あるいは側近で親日家の民政局のホイットニーやケーディスの意見を聞くなかで天皇制の存続の意思を固めていた。しかし、国家の元首であり統帥権（軍隊の指揮命令権）をもっていた天皇の戦争責任を追及する一部の連合国や、侵略を受けた国々においては、それは許されないことである。

戦後の国際社会において、侵略国であった日本が草案の最大のテーマである、戦後も天皇制を存続させることは可能かについて、GHQと日本政府は熟考した。そして、日米はひとつの結論に到達した。それは、日本を侵略国家から平和国家のシンボルへ大転換させることができればそれは可能かもしれないということであった。

マッカーサーは百戦錬磨の老練の軍人であったので、戦争の悲惨さについては誰よりも身に染みて感じている。一方幣原は、国際協調主義、内政不干渉主義、平和主義を貫いた外交官であった。幣原は一九二八年にパリで日本も含めて一五カ国で締結された不戦条約(ケロッグ・ブリアン条約)についても熟知しており、「国際紛争を解決のため及び国策遂行の手段としての戦争を放棄する」とするこの条約の精神がさらに国際協定として拡充することを望む平和主義者であった。また、ワシントン会議(一九二一年)、ロンドン会議(一九三〇年)という軍縮会議で活躍し、「バロンシデハラ」と呼ばれ、欧米からも信頼されている外交官でもあった。

一九四六年一月二四日、日本とGHQの両首脳は、通訳抜きで約三時間にわたる重要な会談をもった。天皇制の存続はすでに合意していたが、ソ連等の天皇制に反対する国を納得させる必要があった。そこで、どちらからかそれまでの会談を踏まえて「戦争放棄の宣言」が提案された。つまり、戦争の放棄を宣言することによって、両者にとって最優先条文化事項である天皇制の存続を連合国に容認してもらうということである。天皇は形式上であれ、日本の元首であり統帥権をもつ存在であったことは事実であるので、天皇の戦争責任は免れない。しかし、「戦争の放棄」によって天皇は帝国の元首から平和主義国家の象徴へ大転換を図れば、そのことによって国際社会が新憲法と新生日本を受け入れるだろうという合意に達したのである。

マ草案の核心部分である「天皇制の存続」と「戦争の放棄」について、マッカーサーはアメリカ議会やその回顧録で、戦争の放棄は幣原の提案であると証言しているが、幣原というより両者にとって、ポツダム宣言を基本にした戦後の日本の国際社会への復帰を展望するなかでの最良の選択が「戦争の放棄」であったと考えることができる。

11　憲法研究会の憲法草案要綱

これまで新憲法の誕生に至るＧＨＱと日本政府との交渉経過をたどってきたが、ここで民間の取り組みはどうであったのかみることにする。

先に民衆による憲法制定運動は歴史上二度あったと述べたが、二度目が一九四五年ポツダム宣言受諾後のＧＨＱによる占領期の初期である。民間や政党等でいち早く憲法草案を発表したのは日本共産党で、天皇制と決別した主権在民、普通選挙権、基本的人権の保障等を明確にした憲法草案「新憲法の骨子」を発表した（一九四五年一一月）。つづいて一二月に民間の憲法研究会による「憲法草案要綱」（以後「要綱」 巻末資料頁）が発表された。以後個人や、政党等の憲法草案がいくつか発表されたが、主権在民が不徹底、天皇制や国体護持を温存するものが多かった。これらのなかで注目されたのが「憲法研究会」による「要綱」であった。

敗戦後の一九四五年一〇月二九日、高野岩三郎（一八七一―一九四九、元東京帝大教授、後に初代ＮＨＫ会長）は、新生日本のために文化人に呼びかけて開かれた日本文化人連盟創立準備会の折に、民間での憲法制定の準備と研究を鈴木安蔵（一九〇四―八三、戦前は在野の憲法学者、戦後、静岡大学教授）とともに提案した。

鈴木安蔵

高野・鈴木のほか杉森孝次郎（元早大教授）、室伏高信（評論家、元朝日新聞政治部記者）、岩淵辰雄（政治評論家、元読売新聞政治部記者）、森戸辰男（元東京帝大助教授、後に片山・芦田内閣の文部大臣）ら

によって憲法研究会が結成され、いちばん若い鈴木安蔵が幹事役となって新憲法草案作成に取り組んだ。

鈴木は会の意見を取りまとめ、同年一二月二六日に「憲法草案要綱」を発表した。鈴木は発表後、記者の参考資料に関する質問に答えて次のように述べている。

「明治一五（一八八二）年に草案された植木枝盛の『東洋大日本国国憲按』や土佐立志社の『日本憲法見込案』など、日本最初の民主主義的結社自由党の母体たる人々の書いたものを初めとして、私擬憲法時代といわれる明治初期、真に大弾圧に抗して情熱を傾けて書かれた廿余の草案を参考にした。また、外国資料としては一七九一年のフランス憲法、アメリカ合衆国憲法、ソ連憲法、ワイマール憲法、プロイセン憲法である」。

鈴木は京都大学在学中に京都学連事件で検挙され、治安維持法違反が最初に適用された学生となったが、獄中においても内外の憲法について猛烈に勉強した。大正デモクラシーの指導者である吉野作造ともその晩年に出会い、吉野から提供された世界各国の憲法も研究し、屈指の憲法学者になった。彼は自由民権期につくられた私擬《しぎ》憲法についても研究し、そのなかで植木枝盛《えもり》の私擬憲法である「東洋大日本国国憲按」をもっとも優れた私擬憲法として高く評価した。植木は同郷（土佐）の中江兆民《ちょうみん》の訳本である『民約訳解』（ルソーの『社会契約論』の訳本）等に学び強い影響を受けた。その後独学で欧米の思想を学び自由民権理論を確立した。さらに植木は、一九世紀の自由民権期に基本的人権の尊重、人民の抵抗権、主権在民（国民主権）を基本とする、当時としては世界的に見ても進んだ民主的憲法を起草した。鈴木安蔵がとりまとめた憲法研究会の「憲法草案要綱」は、植木らの私擬憲法の強い影響を受けていることがうかがえる。

ＧＨＱは一九四六年二月、日本政府による新憲法の起草は困難と判断し、独自に新憲法草案をつくることにしたことは前述したが、他の連合国の介入を阻止するため作成を急がせたことは事実である。そのために急遽《きゅうきょ》広く参考資料を収集した。例えば世界の憲法や歴史的文書、すでに提出されている日本の政党や団体、個人の草案も参照した。そのなかで、日本人による自主憲法であり、その内容はポツダム宣言に合致し同時に進んだ民主主義思想を取り入れている「憲法草案要綱」は、新憲法にふさわしい内容だと考えられたことはまちがいない。

憲法草案要綱発表からの動きを補足する。日本人による自主憲法として「要綱」は一九四五年一二月二六日に発表され、ただちに首相官邸とＧＨＱにも提出された。二八日には新聞でも報道された。

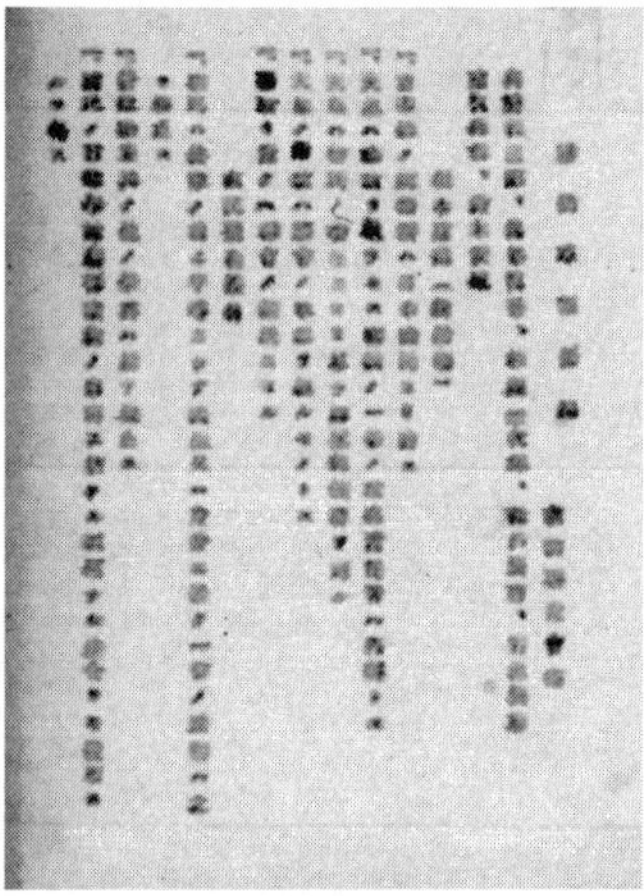

憲法草案要綱

GHQはこの「要綱」に大きな関心を示し、三一日にはGHQ参謀二部の連合翻訳局（ATIS）で翻訳された。翌四六年一月二日には国務省政治顧問事務所でも翻訳された。

この翻訳された「要綱」に対して、弁護士でもある民政局のラウエルは、一月一一日に「私的グループによる憲法改正草案に対する所見」を発表している。この所見には民政局長のホイットニーも署名しており、民政局承認の公文書となっている。私的グループとは憲法研究会のことであり、改正草案とはその「憲法草案要綱」である。

ラウエルはその所見の中で「要綱」について、「現行憲法におけるそれよりもはるかに実効的である。言論、出版、教育、芸術および宗教の自由は保障され、かつその他の社会的諸原則もその中に包含されており、そのすべては民主主義と両立しうるものである」。さらに、「この憲法草案に盛られている諸条項は民主主義的で賛成できる」と述べている。（近年、GHQの政治顧問のエマーソンが「憲法改正についての日本人の意見」として、鈴木安蔵の主張をマッカサーに報告している書簡〈一九四五年一〇月二三日付、米国国立公文書館〉が発見されている。）

これまでの経過を整理すると、日本人による自主憲法である「憲法草案要綱」は、植木枝盛の私擬憲法である「東洋大日本国国憲按」の骨格を継承し、鈴木安蔵により「憲法草案要綱」としてＧＨＱに提出され、それをＧＨＱが有力な手本として参照し、マ草案に大きな影響を与えたということである。

全二二〇条の国憲案は、編、章、条と項目別に整理し、人権や自由権を網羅しているが、「要綱」は、それらの各条文を精選し抜粋した形になっている。さらに、「日本国ノ統治権ハ日本国民ヨリ発ス」として、国民主権を明確にしている。

天皇については、「天皇ハ国民ノ委任ニヨリ専《もっぱ》ラ国家的儀礼ヲ司《つかさど》ル」として、天皇は憲法上政治的権能を失っている。このような内容の「要綱」は全体としてポツダム宣言にも合致しており、草案作成を急ぐＧＨＱにとって、もっとも適切な見本であったにちがいない。マ草案の起草経過をたどるとき、それは植木枝盛、鈴木安蔵、マッカーサーというキーパーソンを経てマ草案が誕生したということがいえよう。この推論には次項で述べるように条文上にも根拠がある。

12　三憲法（案）の比較

これら三憲法（案）の条文上の類似性について、次の四項目の対比をしてみることにする。

Aは、植木枝盛の「東洋大日本国国憲按」（以下「国憲案」）

Bは、憲法研究会の鈴木安蔵の「憲法草案要綱」

Cは、一九四七年五月三日施行の現行の「日本国憲法」である（田中彰氏の『小国主義』参照）。

①拷問の禁止に関して

A「日本人民ハ拷問ヲ加ヘラルルコトナシ」（四八条）
B「国民ハ拷問ヲ加ヘラルルコトナシ」（国民権利義務四項）
C「公務員による拷問及び残虐な刑罰は、絶対にこれを禁ずる」（三六条）

②法の下の平等に関して

A「日本ノ人民ハ法律上ニ於テ平等トナス」（四二条）
B「国民ハ法律ノ前ニ平等ニシテ」（国民権利義務一項）
C「すべて国民は法の下に平等であって」（一四条）

③自由権と権利に関して

A「日本人民ハ自由ニ集会スルノ権ヲ有ス」（五四条）
A「日本人ハ自由ニ結社スルノ権ヲ有ス」（五五条）
A「日本人民ハ言語ヲ述ブルノ自由権ヲ有ス」（五一条）
A「日本人民ハ信書ノ秘密ヲ犯サレザルベシ」（六二条）
　＊Aにおいては、四〇条から七四条まで個別に自由権を条文化。
B「国民ノ言論学術芸術宗教ノ自由ニ妨ケル如何ナル法令ヲモ発布スルヲ得ス」（国民権利義務三項）
　＊国民の権利義務の項目の中で、国民の自由権や男女の平等を条文化。
C「①集会、結社及び言論、出版その他一切の表現の自由は、これを保障する。②検閲は、これをしてはならない。通信の秘密は、これを侵してはならない」（二一条）
　＊一九条から二三条まで自由権列挙。

④基本的人権の保障に関して

Ａ「日本国家ハ日本各人ノ自由権利ヲ殺減スル規則ヲ作リテ之ヲ行フヲ得ス」（五条）

Ｃ「国民は、すべての基本的人権の享有を妨げられない。この憲法が国民に保障する基本的人権は、侵すことのできない永久の権利として、現在及び将来の国民に与えられる。（一一条）

⑤社会権（生存権）に関して

Ｂ「国民ハ健康ニシテ文化的水準ノ生活ヲ営ム権利ヲ有ス」（国民権利義務八項）

Ｃ「すべて国民は、健康で文化的な最低限度の生活を営む権利を有する」（二五条）

このようにＡＢＣの三憲法（案）の内容をいくつか比較してみたが、これらに同文または同義が含まれていることに気づく。これらは偶然とは思えない。

三つの憲法案における類似性、近似性が示すものは、Ａ「東洋大日本国国憲按」（植木枝盛）→Ｂ「憲法草案要綱」（鈴木安蔵）→マッカーサー草案→Ｃ「日本国憲法」という日本国憲法の制定経過において、それぞれの参照、継承の強い影響である。

とくに、ＢＣの近似性は顕著である。前述の社会権（＝生存権）についてはほぼ同文であるが、これはCがBを参照したというより、世界でいち早く社会権を認めたワイマール憲法を双方が共通の法典として取り入れているということであろう。

さらにBとCを比較してみることにする。

天皇の権能に関し、Bでは「天皇ハ国民ノ委任ニヨリ専ラ国家的儀礼ヲ司ル」(根本原則三項)となっている。Cでは「天皇は、この憲法の定める国事に関する行為のみを行ひ、国政に関する権能を有しない」(四条①項)とある。

平等権に関しては、Bでは「国民ハ法律ノ前ニ平等ニシテ出生又ハ身分ニ基ク一切ノ差別ハ之ヲ廃止ス」(国民権利義務一項)。Cでは、「すべて国民は、法の下に平等であって、人種、信条、性別、社会的身分又は門地により、政治的、経済的又は社会的関係において、差別されない」(一四条①項)となっている。

司法に関しては、Bにおいて「裁判官ハ独立ニシテ唯法律ニノミ服ス」(司法二項)とあり、Cでは、「すべて裁判官は、その良心に従ひ独立してその職権を行ひ、この憲法及び法律にのみ拘束される」(七六条③項)となっている。

このようにBとCの近似性が強いことがわかる。これについてひとつの推論を述べる。

前述したようにGHQは、上位機関である連合国極東委員会が日本に対する占領政策に本格介入する前に新憲法を既成事実として作成しようとしていた。新憲法については、日本人によって制定されること、議会で審議、承認されることが極東委員会からの条件であった。したがって、新憲法草案作成にあたり、極東委員会の指示に合致し、天皇制を残しながらも統治権を否定し、日本の民主主義運動の成果を引き継ぎ、民主主義的条項を多数含むB案つまり憲法研究会による「憲法草案要綱」は、マ草案のもっとも有力かつ現実的な手本となった可能性が強いということである。

とすると押しつけ論の以前にマ草案そのものに日本人による民主主義運動が反映されているということになる。マ草案が七〇年の風雪に耐えて今日あるということは、新憲法が文化的に日本の現実と調和し、かつ大国主義、国家主義から解放され、日本と世界の進んだ思想を取り入れて純粋に理性による平和主義を探求するという憲法になった結果ではないだろうか。

七〇年経ってもその輝きを失わないのは、理想に燃えて起草された日本国憲法の理性の力である。日本国憲法前文およびその九条は世界平和宣言の価値がある。

Ⅳ章

非軍事の平和主義

1 非軍事の平和主義の潮流

戦後七〇年、日本の戦後レジーム（枠組み）は日本国憲法の定める平和主義とともにあった。国家として戦争の名においてひとりも殺さず、殺されてもいない。

つまり、大切なことは日本の平和主義は、個別的自衛権は認めつつも集団的自衛権行使を否定し、他国の戦争には参加しない非軍事の平和主義として、戦争抑止力として七〇年間機能してきたことになる。世界平和実現のためのひとつの確かな選択を、戦後の日本が世界に提示していることになる。それは言い換えれば、戦後七〇年の確かな実績をもつ日本の「九条」は未来を照らす光でもある。日本の九条を世界の九条にすることは決して机上の空論ではない。日本でできたことは世界でもできるはずである。

中南米にコスタリカ共和国がある。コスタリカは内戦の末、一九四九年、自力で平和憲法を制定し、その中に「常設の組織として軍隊はこれを禁止する」ことを条文化した。実際に軍隊を廃止し、治安を守るのは警察と国境警備隊だけである。「平和は人類の共存と発展のために特別の価値がある」として国連や他国にも平和主義を呼びかけ、同国のアリアス大統領は世界平和への貢献が認められて、一九八七年にノーベル平和賞を受賞している。

また同国は本年一月、ノーベル委員会（ノルウエー）に、長年平和憲法を保持してきた日本とコスタリカの両国にノーベル平和賞を授与するよう国会議長名でアピールを提出した。まさに真の「積極的平和主義」の展開である。平和主義国家が増えていくことが世界平和につながるという信念がうかがえる。同じ平和主義に立つわが国が世界平和への働きかけをすれば、コスタリカ以上の世界平和へのインパクトになる。日本の民間団体によるそのような運動はあるが、政府レベルの活動が望まれる。

アリアス大統領

日本の平和主義は戦後七〇年の輝く実績がある。しかしながら目を世界に転ずると戦後も紛争が絶えない。二〇世紀は戦争の世紀と言われたが、二一世紀も戦争、紛争が絶えない。世界の主要国が抑止力の名の下に、つまり軍事力の増強によってむしろ緊張とリスクを高めている現状がある。軍事力で戦争を抑止するという抑止力論は戦争の世紀と呼ばれた二〇世紀で破綻したはずである。軍拡競争によって相互に経済は疲弊し、相互の緊張はいっそう高まり、一触即発の状況になる。つまり、抑止力論は、結果として相互間の緊張を高め、戦争抑止効果よりも戦争誘発の危険が増すことは確実である。

人類はすでに冷戦時代にこれらの経験をしている。この冷戦の終結から学んだことは何だったのか。二一世紀になってもそのことが曖昧にされている。過ちをくりかえすことほど愚かなことはない。

世界平和は足踏みしている感がある。世界は恒久平和をめざしているが、それを進めるリーダーが不在である。平和主義を掲げる日本がその役割を担うのにふさわしいが、残念ながら歴代のわが国の政府はそのための構想力、勇気を持ち得ていない。

戦後七〇年間、わが国政府は、日米同盟を基軸として外交を進めている。歴代政府は決まって価値観をともにする国としてアメリカを持ち上げるが、正義かどうかは別にして、事実としてアメリカは軍事力による平和を信奉し、戦後も戦争をする国である。武力で紛争を解決しない、紛争を戦争にしない非軍事の平和主義を憲法に掲げる日本とは対極にある。これがどうして価値観をともにする国になるのか。

政府には客観的思考の欠如がある。日本国憲法に定める平和主義こそ世界がめざすべき非軍事の平和主義である。それは理性と信頼による平和構築である。それこそ歴史を前に進める新思考である。軍事力による安全保障と平和の構築という旧思考では緊張とリスクが消滅することはない。緊張とリスクがつきまとうとき、それを平和と呼ぶことはできない。人類は冷静に歴史に学び、非軍事の真の平和主義をともに探求すべきだ。

非軍事の新思考での平和を求める動きは世界ですでに始まっている。ＥＵや東南アジア、中南米においては国家を超えた安全保障について、何度も話し合いがおこなわれている。そこには周辺国家との安全保障を確立しなければ自国の安全保障はないという共通認識があるからだ。これらの動きこそ非軍事の世界へ向かう確かな道である。ＥＵでは、九条に規定するような内容そのものは協定されていないけれども、次項に示す「共通の安全保障」を認め合うことによって、実質九条に定める「戦争の放棄」、「武力の不行使」、「交戦権の否認」は実現されている。つまり、ＥＵ内の加盟国同士が戦争をするということ、例えばドイツとフランスが戦争をするということはあり得ない状況になっているということである。

さらに、注目すべき動きがある。どの大国の軍事同盟にも加わらない非同盟諸国の平和運動である。非同盟の国は欧米の旧植民地国に多いが、二〇一三年時点で国連加盟国一九三カ国、人口七十一億人の中で非同盟諸国は一三七カ国、人口五十七億人で人口では世界全体の八〇％を占める。今や非同盟諸国の運動は国際舞台で大きな発言権をもつ世界の巨大勢力になっている。ちなみにアジアでアメリカと二国間軍事同盟を結んでいるのは日本と韓国だけである。果たしてわが国政府はこの世界の潮流とわが国の特殊性を認識しているのであろうか。

アジアでは一九七六年に国連憲章の原則に基づく「バンドン十原則」（一九五五年）の精神を引き継いだ「東南アジア友好協力条約」（TAC）が結成され、「紛争の平和的手段による解決」を明記し、域外の加盟も視野に入れている。また二〇一一年には中南米の全三三カ国が加盟するラテンアメリカ・カリブ海諸国共同体（CELAC）が結成され、安全保障や経済協力について対話を続けている。このように対話による非軍事の平和をめざす地域間の対話は始まっているのである。

2 平和主義の理念

平和を求めるには、成熟した社会への第一歩として旧思考から脱却し、思考の転換が必要だ。これは平和共存を共通の理念として非軍事の平和主義を探求することである。そのために、わが国がその提案者となり、実践者となる必要がある。日本国憲法前文こそ平和共存にふさわしい崇高な理念を明文化している。次にその一部を抜粋する。

「日本国民は、恒久の平和を念願し、人間相互の関係を支配する崇高な理想を深く自覚するのであって、平和を愛する諸国民の公正と信義に信頼して、われらの安全と生存を保持しようと決意した。われらは、平和を維持し、専制と隷従、圧迫と偏狭を地上から永遠に除去しようと努めている国際社会において、名誉ある地位を占めたいと思ふ。われらは、全世界の国民が、ひとしく恐怖と欠乏から免かれ、平和のうちに生存する権利を有することを確認する」

これは人類史的立場に立った、人間の安全保障につながる理念である。まさに世界平和宣言に値する理念である。

ここで安全保障について考えてみたい。安全保障とは一般的には「国民生活をさまざまな脅威から守ること」と定義されている。したがって安全保障という場合は、伝統的に①「軍事力による安全保障」、②「食糧安全保障」、③「エネルギー安全保障」④「環境・災害安全保障」の四例があげられる。

軍事力による安全保障は旧思考だと前述したが、現実は他の安全保障より政策的にも予算的にも①を優先する国が多い。しかし、冷静に「人類の安全保障」という視点から考えると、今人類を脅かしている深刻な脅威は②③④である。それは人類の永続のために世界が英知を結集して共同で対応しなければならない緊急の課題である。そのことを深刻に受け止めるならば人類は軍事力競争をしている場合ではない。それに、軍事力による安全保障はそれを強化すれば他国の脅威になるという矛盾を内包し、②③④には役に立たない。①に固執する大国や、先進国は早く①から脱却し、人類の安全保障のために貢献すべきである。

軍事力強化による安全保障は、全体として考えれば矛盾し、真の安全保障にはならないばかりか、その周辺国には脅威の増大であり、より緊張は高まり、信頼関係は生まれず、無駄なコストを払い続けることになる。つまり人類は、①を卒業し、新思考の平和構築が急務なのである。

このような状況の中で、冷戦中の一九八二年にスウェーデンのオロフ・パルメ首相より国連事務総長あてに「共通の安全保障」（パルメ報告）が提出された。これは軍事力を否定するものではないが、それがもつ矛盾、危険性を認識し、軍事力を削減し、国際関係における軍事力の影響を除去し、信頼による安全保障を確保しようとする新思考である。次にそれを紹介する（『平和基本法』高文研による）。

①すべての国は安全への正当な権利を有する。
②軍事力は国家間の論争を解決するための正当な道具ではない。
③国の政策を表明するときには自制が必要である。
④安全保障は軍事的優位によっては達成されない。
⑤共通の安全保障のためには、軍備削減および質的制限が必要である。
⑥軍備交渉と政治的事件との「連関」は避けるべきである。

以上の六項目である。

この「報告」は国際社会に大きな影響を与えた。とくにＥＵ（ヨーロッパ共同体）では、具体的に「共通の外交・安全保障政策」の策定に取り組んでいる。これはさまざまな国家間の対立や摩擦を戦争にしない成熟した国際関係を創造しようというものである。域内の諸国が軍備を全廃したわけではないが、「軍備の削減および質的制限」を徹底させ、「非軍事の平和主義」をめざすものであり、わが国の「九条」の方向と合致する。

この「報告」はまた、各地域間で「共通の安全保障」を共有することの積極的意義を示している。「共通の安全保障」は世界の平和構築の先例になるだろう。まずできることは、問題があればまず外交ルートで対話をすることをルール化することである。つまり、外交努力によって緊張緩和を図りながら和解を目指す。対話により、問題を紛争にしない、紛争を戦争にしないことを国連加盟国のルールとする必要がある。ルール化すれば相互の国の誤解が解けることもある。

問題は意見の相違をどのように克服するかである。意見の相違は、まず相互に問題点を認め合うことから始まる。解決はしなくても、対話により問題を共有することによって緊張は和らぐことになる。世界は均等ではない。意見の相違は必ずある。意見の相違こそ対話の入り口であり、新たな友好と豊かさへの第一歩と認識できないであろうか。

つまり、違いを相互に認め合うことによって、相互に視野が広がり思考が深くなる。そのことがお互いに豊かになるということではないだろうか。同時に相手が望むことを相互に理解することによって信頼が生まれる。言い換えれば、相手が豊かになれば自分も豊かになるという思考である。つまり、具体的には相手国が豊かになることは、相手国の購買力が増えて貿易量や相互交流が増大し、自国の経済的利益につながるということである。

3 平和主義と日本政府

近現代史において、人類は戦争をくりかえしながらも、欧米や日本において絶えることなく数々の試練に直面しながらも、民主主義と平和主義を求める潮流がある。それは究極的には世界の恒久平和を探求する道でもある。しかし、それが世界の大河となるにはまだ道半ばである。日本の平和主義も七〇年の実績をもつが、アメリカの核の傘に入りながらの核兵器禁止の主張と同様に、日米同盟の強化を主張しながらの平和主義は説得力と迫力に欠ける。

マサチューセッツ工科大学名誉教授で歴史家のジョン・ダワー（一九三八—）は、「映画日本国憲法」の中でインタビューに応えて次のように述べている。

「日本には、非軍事的なアジア、および非軍事的な問題解決のモデルになれるという理想がありました。しかし、日本政府はそれを実現する大物政治家を輩出できませんでした。……日本は立派な独立国家です。しかし、自分自身の声で発信し、アメリカと異なるアイデアを明瞭に示す勇気をもつことができませんでした」

私たちは、戦後の日本を外国人歴史家の客観的で鋭い目で考察した指摘を真正面から受け止めるべきではないだろうか。さらに、氏は戦後七〇年を前にしての取材に応えて次のように述べている。

「……世界中が知っている日本の本当のソフトパワーは、現憲法下で反軍事的な政策を守り続けてきたこと」としながら、「戦後日本で私が最も称賛したいのは、下から湧き上がった動きです。国民は七〇年の長きにわたって、平和と民主主義の理念を守り続けた。このことこそ、日本人は誇るべきでしょう……」（朝日新聞、二〇一五年八月四日付）

戦後日本人が戦争の痛切な反省の下、一心に築いてきたものほど尊いものはないと氏が教えてくれている気がする。

政府与党の自由民主党は憲法改定をめざしている。それは同党の結党以来の宿願でもある。その自民党から「戦後レジーム（枠組み）からの脱却」とか、「普通の国」発言があるが、それは端的に言うと、「わが国は、戦後レジームから脱却して軍隊をもつ普通の国をめざす」ということになる。それはわが国の歴史の後戻りではないのか。そこには戦後わが国が掲げた平和主義の歩みを前に進めようという意志が微塵《みじん》も感じられない。

敗戦後、わが国は戦争の痛切な反省の下、二度と過ちはくりかえさないと世界に誓った。その決意の下、戦後七〇年を経過した今、さらに日本の平和主義を貫き世界に広げていくのか、それとも看板だけのお飾りとするのか、日本の平和主義は今岐路に立っている。

脱却すべきはもうひとつの戦後レジームである。それは一九五一年にサンフランシスコ平和条約とともに調印された日米安全保障条約（一九六〇年に改定）に基づく日米安保体制である。そこに日本外交や安全保障のアメリカへの従属関係の根源がある。日本はこの安保条約に基づき、アメリカへ一三三カ所の基地を提供している。それに加えて、毎年「おもいやり予算」として二〇〇〇億円近くを払っている。米軍基地および一部の地域は米軍専用地域になっており、日本の領土でありながら事実上日本の主権が及ばない地域、空域があるということである。

戦後七〇年、この基本的な問題が置き去りにされている。これは現代の視点で言うならば独立国として、先進国としてどうなのかという問題である。しかしながら戦後七〇年、安保体制は固定化し、批判もタブー化される傾向がある。日本の政治の基本に横たわる問題でありながら議論されることが減少している。メディアの取り上げも少ない。「安保体制」を戦後の「国体」としてはならない。過ちをくりかえしてはならない。

安倍首相は「積極的平和主義」を提唱し推進している。これは積極的に日本国憲法の平和主義を進め広げていくことでは決してない。つまり、前述した積極的な外交努力によって戦争抑止に貢献することではなく、そのめざすところは同盟国（アメリカ）の戦争に積極的に加担し、自衛隊を同盟国の一員として後方支援として戦地へ派遣することである。

安保法案 反対の波
全国300カ所でデモ

参院で審議中の安全保障関連法案に反対する市民らの抗議集会が30日、東京・永田町の国会議事堂前であった。雨の中、学生や子供連れの親、戦争を体験した高齢者などさまざまな世代や立場の人々が正午過ぎから国会一帯を埋め尽くし、法案を廃案にすべきだと訴えた。参加者は警察当局によると3万人、主催者発表では12万人で、同法案に対する抗議活動としては最大規模とみられる。

（社会面に関連記事）

市民団体「戦争させない・9条壊すな！総がかり行動実行委員会」主催の「国会10万人・全国100万人大行動」の一環。同団体の呼び掛けで29、30両日、抗議の集会やデモが全国47都道府県の計300カ所以上で開かれた。

国会前で午後2時に始まった集会には野党4党のトップも駆けつけ、成立阻止に気勢を見せた。民主の岡田克也代表は「こんな憲法違反の法案を通すわけにはいかない。これから3週間、さらに力を貸してほしい」と呼びかけた。

生活の小沢一郎共同代表は「今までこういう集会に顔を出したことはほとんどない。いいかげんでバカげた、そして危険な法律案を阻止するためにみんなで力を合わせないといけない」と声を張り上げた。共産の志位和夫委員長は「ここまでボロボロになった『戦争

安保関連法案に反対する集会で、国会正門前の道路を埋め尽くす大勢の人たち＝東京都千代田区で30日午後2時8分、本社ヘリから森田剛史撮影

デジタルプラス 写真特集と動画

国会包囲デモを大きく伝える記事（毎日新聞 2015年8月31日付）

戦地における後方支援（兵站《へいたん》）の議論があるが、戦地においては前方も後方もない。相手からみると一連の活動全体が敵対行為であり、全体が攻撃対象である。日本がアメリカの戦争に同盟国として加担することは、アメリカの敵を日本も引き受けることを意味する。それは恐ろしい事態を想像しなければならない。

日中戦争においてアメリカが中国の後方支援の役割を担い、戦争が拡大し日米全面戦争に突入したことは誰もが知るところである。戦地への自衛隊派遣は、それはたとえ後方支援であっても明白な戦争参加である。それは平和や安全が名目であっても、日本国憲法の定める平和主義ではない。

憲法学者においても、他国への戦争参加（集団的自衛権の行使）は違憲とするのが通説となっている。つまり安保法制（安全保障関連法案）は違憲立法である。これはどの党が政権政党、あるいは与党になっても、独裁政治や国家権力の横暴、乱用を許さないために、国政はあらかじめ最高法規として定めた憲法に基づいて行政権を行使するという民主主義の根幹をなす立憲主義に反する。

国家権力の横暴、乱用は国民の自由と権利を奪って民主主義が弾圧され、国家主義の下、戦争への道につながった歴史は本書でも示した通りである。つまり、憲法は国民の自由と権利を守る。そのために国家権力を縛り、権力の行使を抑制するのがその最大の使命である。したがって憲法に違反するあらゆる法令は無効である。残念ながら安部首相においては立憲主義がまったく理解されていない。

私たちはアメリカの戦争に参加を可能とするための法制度「安保法制」がもたらす重大

な結果を想像しなければならない。アメリカは戦後も、朝鮮戦争、ベトナム戦争、アフガン戦争、イラク戦争と、切れ目なく戦争する国である。その結果武力を行使するアメリカを敵国とする国は多い。これらの国とアメリカとは軍事力において、圧倒的格差がある。したがって現代の戦争は、近代兵器対ゲリラ、テロ行為という非対称な構図となる。

アメリカの後方支援であれ、アメリカの戦争に自衛隊が参加することになれば、その結果今日の国際関係から重大な結果を招くこととなる。それはアメリカの敵を日本も引き受けることになるのだ。戦後七〇年、いろいろと議論はあったけれども、結果として一人の戦争犠牲者もなく平和主義を貫いてきた「日本ブランド」ともいうべき非軍事の平和主義はその

社説　ronsetsu@mainichi.co.jp

安保転換を問う　週内採決方針

議会政治壊すつもりか

こんな言葉を記したい。

「ご支持いただけないからといって、安易に数の力で抑えこもうというようなことは、とるべき道ではない。常に自ら謙虚に反省し、額に汗しながら説得につとめ、合意を求めてまいりたい」

自民党の大平正芳元首相が生前、語った言葉である。「和の政治」「国民と一体の政治」を唱え続けた大平氏は「（自民党を）支持していただけない方々も国民のみなさんであることに変わりはない」とも言っている。時代を超えて政治のリーダーが守るべき姿勢であり、これが議会制民主主義の基本でもあろう。

首相のやじと異論排除

安全保障関連法案は参院に送付されて60日が経過し、衆院での再可決も可能な段階に入った。与党はこの「60日ルール」の適用もちらつかせながら、週内に成立させる方針でいる。もはや国民に理解されなくても仕方がないとばかりに成立を急ぐ安倍晋三首相は今、大平氏の言葉をどう受け止めるだろう。

首相が言うように確かに最後は多数決で決するのが議会政治だ。だがこの法案は、むしろ審議の結果、成立させるべきでないことが明白になったというべきだ。第一に憲法違反との指摘に対し、政府は結局、納得のいく説明ができなかった。そしてなぜ集団的自衛権を行使する必要があるのか、法案の目的も審議するほど不明確になったからだ。

ここに至る手法にも問題がある。

法案の衆院審議が始まる直前の5月下旬、私たちは異論や慎重論に耳を傾けない首相の姿勢をまず改めよと書いた。残念ながら白か黒か、敵か味方かしかないような首相の「決めつけ議論」は変わらなかった。

国会の審議では首相が野党に対し「早く質問しろよ」「まあいいじゃん。そういうことは」と乱暴なやじを飛ばして議論をさえぎった。

側近の礒崎陽輔首相補佐官は地元での会合で「法的安定性は関係ない」と語った。憲法との整合性など二の次だということだ。多くの国民はこれが政権の本音と受け取っただろう。

自民党の若手の勉強会では「法案に反対するマスコミを懲らしめるには広告料収入をなくせばいい」との暴言も出た。異論を封殺しようとする傾向は一段と強まっている。

この法案は昨夏、歴代内閣が長年保ってきた憲法解釈を覆し、限定的とはいえ集団的自衛権の行使を認める閣議決定をしたことに始まる。しかし、昨年末の衆院選で首相は「消費増税先送りの是非」を最大の争点に掲げ、安保法案は自民党の公約に羅列した約300項目の政策の後半に「切れ目のない対応を可能とする安全保障法制を速やかに整備」などと記されたに過ぎない。

今国会が始まった今年2月の施政方針演説でも首相は「あらゆる事態に切れ目のない対応を可能とする」などと述べただけだ。一方で首相はまだ法案が国会に提出されていない

自公の横暴を糾弾する新聞社説
（毎日新聞 2015年9月15日付）

輝きを消失することになる。

それにとどまらず、アメリカへの軍事協力は、日本もアメリカを敵国とする国々の現実の攻撃対象となってくる。具体的には、テロリストの標的にもなることを想定しなければならなくなる。日本の国際環境は一挙に緊張を増す。それは日本が戦後七〇年間堅持してきた平和主義と世界からの信頼を根底から覆すことになる。日本自身の平和主義の揺らぎは、今日の緊張した国際関係に直ちに影響をもたらすことを銘記しなければならない。

戦後、日本は新憲法を制定し、国民主権に基づく立憲主義の道を歩み出すことになった。憲法の三大原理のひとつとして他に類のない徹底した平和主義を定め、再出発することになった。

憲法は国家権力を拘束する立憲主義に基づいて制定された。しかし、安倍政権はその立憲主義を蹂躙《じゅうりん》し、政権を憲法の上位におき、戦争放棄という国民と国家の約束である平和主義を恣意的に解釈し、「安全」「平和」の名の下にアメリカの戦争へ参加しようとしている。集団的自衛権行使は平和のための武力行使、戦争参加という矛盾に突き当たることになる。

軍事力に依拠した平和主義では歴史は前に進まない。あくまでも平和主義は非軍事でなければ目的を達成できない。戦争はいつも自衛のためとか正義のためという「大義」で準備される。その下で武力行使が正当化されて戦争状態となる。「安全保障関係の変化により」というのもその「大義」の類である。安倍政権の「安保法制」もまさにそのための法整備、そのための準備行為ではないのか。

憲法は、同盟国であれ、いかなる形でも他国の戦争への武力介入は禁止している。平和を達成するためにはその手段も平和的でなければならない。それが憲法の定める日本の非軍事の平和主義である。「集団的自衛権」行使による戦争参加は、わが国が築いた戦後七〇年間の平和主義の実績を無にし、憲法に定める非軍事の平和主義に反する。

安倍政権は国民の声に背を向け、政府の解釈だけで日本の方向を大きく変えようとしている。それはくりかえすが明確な立憲主義違反である。

4　平和共存への道

人類は、紆余曲折《うよきょくせつ》はあっても、平和共存を求めるものである。そこにしか持続可能な人類の未来はないからだ。

世界の国々はそれぞれの自然条件、社会条件が均等ではない。その相違点に起因する対立を抑止力の名の下に軍事力を背景にして、威嚇や武力行使によって現状を変えようとするのは戦争の世紀と言われた二〇世紀の旧思考である。戦争は憎しみと報復を生み、テロリストを育てる。

私たちは軍事力による問題解決という旧思考を卒業し、軍事力という二〇世紀の亡霊を一掃しなければならない。現状ではそのことは難題に思えるが希望はある。人類は二度の世界大戦の経験を踏まえての不戦条約締結（一九二八年）、それを引き継いだ国連憲章（一九四五年）によって、不十分ながらも「紛争を武力で解決しない」という国際合意に到達しているのも事実である。日本国憲法はその世界史の流れを正統に受け継ぎ、さらに一歩進めた平和主義の理念をその前文に掲げて第九条に戦争の放棄として具体化している。それは平和主義の頂点に立つ高い理念であり、具体化である。

冷戦終結後も平和主義の歩みが停滞している感があるが、それは大国の覇権争いや平和主義を推し進める国際的なリーダー不在もその一因であろう。そうであるからこそ、近代において大国主義を進め軍国主義を招いた失敗体験と戦後の平和と高度成長という成功体験をもち、憲法に気高く平和主義を掲げる日本こそが、客観的に見て平和主義のリーダーとして適役である。ところが戦後七〇年、残念ながらわが国はそういう人材を輩出できなかった。

武力によって、つまり戦争によって国際関係を自国に有利に変えるということは、仮にそれができたとしても一時的なものであり、その結果は、勝敗に関係なく多大な犠牲と損失をもたらし、民主主義と平和を求める国際世論に耐えられない。

人類の歴史は進化するという前提に立つなら、今人類が進むべき方向は、過去の歴史に真摯《しんし》に向き合い、歴史に学びながら、平和共存の道を探求することである。そのためには人類史的立場に立った平和主義の理念の確立と、それを共有し普及させる教育が重要となってくる。

平和主義の根本理念は民族や国家等の互いの違いを排除するのではなく、対話によって違いを認め合い、平和共存の道を探求することである。地上の資源は有限であり、国家間の条件は同一ではない。そこで、平和共存のために相互に視野を広げ、違いを認め合い、信頼関係を築き、ともに豊かになる道の探求が必要となってくる。それは相互に協力し補完し合う関係を構築することである。そのことによって、政治的に安定した友好関係を保ち、経済的にも相互利益をもたらすことができる。

身近に例をとれば、日中関係において政治的に関係が悪化すれば、日中貿易も縮小し双方に多大な経済的損失をもたらすということであり、このことはすでに実際に経験したことである。他国との友好関係を保ち、国民の利益を増大させるのが政府の役割である。今こそ、国家の違いを超えて国家間の友好と相互の経済的利益に貢献する新たな国際関係の構築が求められている。そのために、これからは各国が非軍事の平和主義の理念と道徳を最重視し、人より国家という国家主義を卒業し、国家は国民の福祉向上のために協力し合うという新しい友好関係の構築が求められている。それは戦争防止の最大の抑止力であり、各国国民の共通の願いでもある。

5 戦争防止の国際的枠組みの構築

平和主義にはひとつの不安がつきまとう。それはわが国一国だけで達成できるのか、他国が侵略したらどうするのかという素朴な問題である。これらは平和主義が向き合わなければならない大きな課題である。

平和主義が確固とした信念になるには、戦争防止の世界的枠組みの構築がどうしても必要である。そのためには国際連合が中心にならなければならない。現時点で国連が世界平和のために十分機能しているとは言えず、その役割を果たすには多くの課題がある。

しかし、確かな希望がある。それは世界的な情報化社会の進展によって、国際化が急速に進み、各国が関係性を強めている。その中で、大国のアメリカ、ロシア、そして中国と言えども、核兵器や軍事力を背景に国際連合や国際社会に敵対するわけにはいかないという時代の進展があるからである。

大国同士の覇権争いは今後も続くであろうが、民主主義的正当性のない主張、行動は国際的批判を浴び孤立を招くことになり、自国に多大な損失をもたらし、それに留まらず同盟国からの支持を得られなくなる。今や国のほとんどの一九三カ国（二〇一四年現在）が加盟する国連決定は、大国であっても無視できない。加盟国の多数は途上国であるから、大国も先進国も途上国の主張に向き合わなければならない時代が到来している。この状況の中で国連の果たす役割は極めて重要である。

今人類は、もっとも賢明な道を選択するために英知を結集し、地域間による戦争防止の枠組みを構築させることが急務となっている。その実現こそがもっとも人間らしい理性による戦争抑止力である。平和主義の憲法を持ち、国連中心主義の外交を進めようとするわが国はそのためにこそ積極的に役割を果たすべきである。それこそ世界平和に貢献する真の積極的平和主義である。

理想を追求すること、それがもっとも現実的な選択である。国家の進路は英知を結集し理想を求めることによって犠牲と無駄を最小にすることができる。現実主義は結局は、理性的判断を回避し、武力行使による現状変革という短絡的な思考に陥ることが多々ある。

日本が高度成長期（一九六〇年代）に驚異的な経済成長（年一〇％超）を成し遂げたのも、平和主義を貫き防衛費を削減（国家予算の一％余）する努力をしたことにより可能であったことを私たちは忘れてはならないだろう。

6 平和主義と日本の役割

終戦を告げた「玉音放送」は一九四五（昭和二〇）年八月一五日であった。新憲法である日本国憲法の公布は翌年の一九四六年一一月三日、施行はその翌年の一九四七年五月三日である。そして、今日まで一度も改定されることなく今日に至っている。

戦後日本の原点はポツダム宣言受諾と日本国憲法の誕生にあり、日本の戦後は日本国憲法とともにあった。とりわけ、その核心部分である第九条の戦争の放棄、徹底した非軍事の平和主義は、戦後の国際社会において日本の国家存在の象徴、日本ブランドとなった。

日本国憲法は、その誕生の経過についてすでに述べたように、ＧＨＱ、連合国極東委員会、日本政府、国会、政党、民間団体等の関わりの中で、さまざまな思想、思考と当時の状況が調和してできた時代の産物であった。とりわけ当時の関係者が他に類のない崇高な憲法を起草しようとした努力の結晶が非軍事の平和主義であった。

日本国憲法には、明治以来の政府の大国主義、国家主義、軍国主義と戦った日本の民主主義者、平和主義者の熱き思いが込められている。二一世紀に入っても世界では紛争が絶えない中、わが国が七〇年間戦争当事国とならず、ひとりも殺さず非軍事の平和主義を貫いた国家の存在感は実に重い。この事実ほど説得力のあるものはない。日本の平和主義は

「論理的整合性」のウソ

処として、戦争法に盛り込
まれました。

「合憲性」の根拠
批判相次ぎ崩壊

このような解釈改憲に公

がつかず、法的安定性を大
きく揺るがす」と批判。出
席した3人の憲法学者全
員が「違憲」と述べまし
た。
あわてた政府は6月9
日、「新3要件は、従前の

判断したものであり、自衛
権については言及している
だけで何も判断していませ
ん。
もう一つの根拠である72
年の政府見解は、「自衛の
ための必要な措置」に言及

のです。
これらについては
礼壹（れいいち）元
制局長官が「（72年
解における）集団的
違憲との結論は、そ
構成自体からも、論

長谷部恭男・早稲田大教授
「従来の政府見解の論理の枠内で説明がつかず、法的安定性を揺るがす」（6月4日、衆院憲法審査会）

笹田栄司・早稲田大教授
「ギリギリの線を踏み越えてしまったので違憲」（同）

小林節・慶応大名誉教授
「憲法9条2項を変えずに海外で戦争するのは9条違反」（同）

宮崎礼壹・元内閣法制局長官
「集団的自衛権の行使容認は、限定的でも従来の政府見解と相いれない。法案は憲法違反、速やかに撤回を」（6月22日、衆院安保特）

阪田雅裕・元内閣法制局長官
「存立危機事態が、わが国自身が武力攻撃を受ける明白な危険がある場合に限られないのなら、政府見解の論理的前提を逸脱する」（同）

山口繁・元最高裁長官
「少なくとも集団的自衛権の行使を認める立法は、違憲」（9月3日付、「朝日」）＝写真、共同通信社

大森政輔・元内閣法制局長官

「集団的自衛権」を違憲立法と断じる憲法学者と歴代の元法制局長官（しんぶん赤旗 2015年9月21日付）

日本のみならず世界の希望である。今こそ日本政府、政治家は日本の平和主義に誇りをもち、世界平和の構想力と説得力をもった平和主義の伝道者になることを期待するものである。そのことによって、日本国民は近隣からも信頼され勇気ある平和主義国家の誇り高き国民となる。

しかしながら、安倍政権はこの戦後のわが国の平和主義の歩みを大きく転換させようとしている。「積極的平和主義」を進めるために、歴代内閣が認めてこなかった憲法の解釈を変更し、「集団的自衛権」の行使を容認した。最高法規である憲法を一内閣で解釈を変えることは、政府は憲法に拘束されるという立憲主義に反する。さらに多くの憲法学者も安倍内閣提出の安保法制を憲法違反と指摘した。つまり違憲立法なのである。憲法に違反する立法はすべて無効である。

安倍政権は賛成の学者も多数あると反論したが、それがわずか三人ということがわかると、憲法を最終判断するのは最高裁判所と論拠を変更した。そして、最高裁の砂川判決をもち出した。しかし、この判決の主旨はアメリカ軍の駐留を合憲としたもので、判決の中でわが国の固有の自衛権を認めているが、集団的自衛権の是非を争ったものではない。固有の自衛権とは個別的自衛権のことであるのは明白である。したがって砂川判決は集団的自衛権を認めた判決ではない。政府の説明は二転三転したが、いずれも根拠がないことが露呈した結果となった。

7 積極的護憲主義

日本国憲法に定める非軍事の平和主義の理念はわが国のみならず、世界の恒久平和を求める理念としても確立できる崇高さがある。わが国は国連や近隣諸国と活動、交流する中で積極的にこの理念を語り普及する努力が不断に必要である。そのことが非軍事の平和主義をめざす環境整備となる。

また同時に、前項に述べたように国連や近隣諸国と相互の安全保障について対話を始めるべきである。それはわが国こそが先進国として、平和主義を憲法に定める国としてリーダーシップを発揮すべきであるからである。

非軍事の平和主義を主張することは理念的確信と勇気がいることである。しかしそれはわが国の役割であり、また、どの国も究極的にはそれを求めているということに確信をもち対話を進める必要がある。その中で相互の友好関係と信頼関係が醸成され、建設的な対話が可能となる。そしてまた前項の戦争防止の枠組みの構築の議論も可能となる。

わが国が孤高に主張するだけでは平和主義は前に進まない。そのためには並行してさまざまな努力が必要で、あらゆる機会を通しての平和主義の主張と対話が必要である。とくに近隣諸国との対話による戦争防止協定の締結が最優先である。

日本の平和主義の理念の普遍性、崇高さにわが国は誇りをもつべきである。それは未来を照らす灯台である。しかし、そこに至る道が暗闇では国民は不安を感じる。この憲法の

声を上げるタレントたちの言葉（毎日新聞 2015年9月16日付）

隙間に「日本が侵略されたらどうする」とか「抑止力を高めないと侵略される」等の議論が浮上してくる。したがって理想へ向かうプロセスにも光をあてる必要がある。

理想をめざす国民の不安に希望を与える「平和基本法」制定の研究があるので紹介したい（『平和基本法』前田哲男・児玉克哉・吉岡達也・飯島滋明四氏による共同研究、高文研）。

それは九条を実現するために、漸次そこへ移行していくための法整備をしようという「平和基本法」制定の提案であり、日本の平和主義実現のため、これまで日本が堅持してきた基本原則の明文化と安全保障のための法整備である。

基本原則として、①非核三原則、②武器輸出三原則、③集団的自衛権行使の禁止、④攻撃的兵器の保有禁止、⑤文民統制、⑥国連中心主義等を「平和基本法」に明文化する。

「平和基本法」では、わが国の現状を打破し、九条を実現するための法整備を積極的に提言している。それはわが国の未来へ向けての安全保障の法整備と、非軍事の平和主義を内外に広めていくための法整備でもある。そこには日本の将来と安全保障を考えるうえで保守も革新もなく積極的な意義があると考える。提言内容を考察すると、そこにはふたつの大きな意義がある。

第一の意義は、前述のわが国の平和・外交の基本原則の法制化によってわが国の国家方針を明確にすることになることである。第二の意義は、自衛隊と日米安全保障条約の改編によってわが国の自主外交の環境が整い、非軍事の平和主義が大きく前進する展望が見えてくることである。個別に内容を見てみることにする。

まず、現在の防衛省は安全保障省となり、現自衛隊は安全保障隊とし再編・縮小され、安全保障省に所属する。安全保障隊は①国土警備隊、②平和待機隊、③災害救助隊の三部隊に再編制される。

①の国土警備隊は、主権侵害に対処する実力組織である。その役割は自国防衛に徹する国境警備隊である。最小限の防衛能力はもつが攻撃性の強い武装はしない。ジュネーブ条約で認められている軍隊とは別の「準軍事的なまたは武装した法執行機関」が認められているが、国土警備隊はそれに該当する。

②の平和待機隊は、「人間の安全保障活動」「地域的共同警察活動」「国連の要請に基づく平和活動」を任務とする。「人間の安全保障」の考えはⅣの2項「平和主義の理念」でも述べたが、一九九四年の国連開発計画（ＵＮＤＰ）が打ち出した個人の安全を脅かす脅威に対応するもので、貧困、飢餓、病気、環境等への非軍事の人道援助活動である。地雷撤去も含まれる。わが国憲法前文に「全世界の国民が、ひとしく恐怖と欠乏から免れ、平和のうちに生存する権利を有することを確認する」と明言する日本こそ「人間の安全保障」を実行するにふさわしい国家である。

「地域的共同警察活動」とは、近隣諸国と連携して海外での犯罪などに対処する活動である。海賊、密航、密貿易対策に関係各国が共同であたる警察活動にあたるものをいう。

「国連の要請に基づく平和活動」とは、ＰＫＯ（国連平和維持活動）への参加等、国連の要請による人道支援活動のことである。ただし、平和維持隊の活動は、国連より軍事的な要請があっても非軍事の活動に限定される。主な活動は紛争被災者への医療、食糧、給水支援活動等である。

一九五一年に日米で締結し六〇年に改定された日米安全保障条約は軍事同盟であり、憲法のめざす非軍事の平和主義と矛盾する。しかし、「安保即時廃止論」は国際関係に急激な変化をもたらすのでリスクとデメリットが大きい。したがって、安保条約を軍事同盟としての性格から段階的に友好条約に変えていく必要がある。そこから日本の新たな自主外交の展望が開けてくる。わが国の世界に向けての非軍事の平和主義の働きかけが説得力を増していくことにもなる。

安倍首相が巧妙に「積極的平和主義」と言いながら、平和、安全の名の下に他国の戦争のために自衛隊が海外出動できる道を開こうとしたのが今回の「安保法制」の核心部分である。軍事力による紛争解決という発想こそ時代錯誤の旧思考である。くりかえすが私たちは、軍事力行使のあとにもたらされるものを決して忘れてはならない。戦争防止のこのシステムを確立させれば有事が大事になることはない。

「平和待機隊」は国際テロへの各国と連携して対処する活動、ＰＫＯ等の国連の要請による平和活動への参加部隊である。これは非軍事的活動に限定される。紛争の原因は複雑かつ国際化しており善悪の判断が困難になっているので、わが国は紛争当事国に軍事的加担をしてはならない。わが国は紛争の原因に着目し、紛争の解決に非軍事で貢献しなければならない。わが国の目的はあくまでも非軍事での紛争解決であり、当事国に対しては人道支援に限定しなければならない。紛争解決のための調停こそ人道支援に徹するわが国にふさわしい役割であり、わが国しかできない貴重な国際貢献である。

「災害救助隊」は、常設の救助隊として新設し、内外の災害救助にあたる。わが国は自然災害の多い国で、大災害における自衛隊の出動は国民がよく目にするところである。その中で蓄積された高度の救助のノウハウを発揮するのが救助隊の役割である。これは海外の被災国から要請があればいち早く現地へ向かい救助活動にあたる。これもわが国の国際貢献である。

以上自衛隊の再編について、「平和基本法」を基に考察してきたが、九条実現をめざしながらもそこへのアプローチを具体化する法制化によって、わが国の安全保障は軍事抑止力を乗り越えてむしろそれ以上に高まることを確信する。

護憲勢力は「九条守れ」「憲法守れ」から次のステップへ進む時期に来ているというが、同感である。それは理想を語るだけでなく、国民のもつ不安感を払拭《ふっしょく》し、平和主義の展望を具体的に語る時期に来ているということである。それを「積極的護憲主義」と呼ぶ。

安倍首相の進める「積極的平和主義」は九条の解釈を変更し、自衛隊が他国の戦争に参加するための法整備であり、自衛隊による軍事力を積極的に活用していこうということだが、それは平和主義を欺くものである。それは「積極的武力主義」と呼ぶべきである。平和主義という場合はあくまでも非軍事でなければならない。

それに対して「積極的護憲主義」は九条の目標を実現するための非軍事の法整備を具体的に進めることである。両者の提案するわが国の目指す方向性は真逆である。今、わが国の進路が国民的に問われている。

「日米安全保障条約」をどうするかも日本の安全保障、外交に関わる重要な問題である。一九五一年に締結された、もう一つの日本の戦後レジームである日米安保体制は、国家の自主独立に関する基本的な問題であり、戦後七〇年を経過した今、この安保体制と向き合う時期に来ている気がする。

日米同盟ではアメリカは日本のために血を流すが、日本はしない片務的同盟だという意見がある。しかし、わが国はアメリカのために米軍基地を一三三カ所も提供している。さらに日本の領土には、アメリカ軍の専用空域、海域がある。基地内は治外法権に等しいので、わが国の主権の一部を他国に差し出していることになる。

まだある。「思いやり予算」として毎年二〇〇〇億円近くをアメリカに払っている。これは十分すぎるアメリカへの貢献である。今後問われてくるのは、日米安保体制を継続することによるわが国の国家としての自主性、独立性の問題である。

日米安保体制を戦後の「国体」にしてはならない。日本の安全保障問題と日米安保体制には保守も革新もなく真摯《しんし》に向き合い、英知を結集して歴史に学び、憲法の定める平和主義に確信をもち、日本の最善の選択として非軍事の平和主義を貫くことが日本と世界への名誉ある貢献である。日本の針路として最善の選択をして非軍事の平和主義を貫いて戦後一〇〇年を迎えたいものである。

あとがき

昨年の夏から本年の夏まで日本の政治が大きく揺れるのを危惧しながら約一年間、隙間時間を利用して執筆を続けた。しかし、それは残念ながら小選挙区制の下で多数の議席を得た安倍政治が、戦後七〇年日本が憲法に基づき歩んできた非軍事の平和主義を大きく転換させようとしているまさにその時であった。

二〇一五年八月一九日未明、本書の執筆中に戦争法案（安保法制）は国民の声を無視して強行採決された。私は安倍政治への怒りと日本の将来に大きな危惧を覚えた。「アメリカの敵を日本も受け入れることになる」と感じたのである。

しかし、国会前のデモ隊の中にいると勇気が湧いてくる。安倍政治に違和感を感じるごく普通の老若男女が、コール、プラカード、ラップ等それぞれの表現で抗議の声を上げている。デモ隊の声は「安倍政治は日本の進むべき方向ではないぞ」と叫んでいるように私には聞こえた。

私が本書で主張した「非軍事の平和主義」は現地では市民の声、国民の声として心に響く。

市民の抗議は自発的であり行動は整然としている。この人たちこそ民主主義を正当に理解し行動している、明日の日本を担う市民である。私も市民のひとりとして抗議活動に参加することがある。そのときその熱い空気の中で、明治以来の市民による日本の民主主義・平和主義運動は、昭和、平成へと脈々と受け継がれていることを実感する。
それに比して政府の民主主義感覚の乏しさには閉口する。市民ひとりひとりの力は微力でも無力ではない。正当な平和・民主主義の要求は広くゆっくり浸透していく。国民の声をいつまでも拒むことはできない。

本書はわが国の近現代史における平和・民主主義の潮流とその発展に貢献した先人に学び、わが国の進むべき方向と役割について提言するものである。本書が刊行に至るまで青風舎の長谷川幹男氏の編集、資料収集等全面的な協力を得た。末筆ながら長谷川氏に感謝の意を表したい。

二〇一五年一〇月二四日

村木正則

【参考文献】

●『小日本主義』田中　彰（岩波新書）
●「日本国憲法をつくった男」塩田　潮（文春文庫）
●「映画・日本国憲法読本」フォイル　山上徹二郎〈プロデューサー〉ジャン・ユンカーマン〈監督〉
●「歴史人」二〇一四年五月号　同二〇一一年一〇月号別冊（ＫＫベストセラーズ）
●『週刊・日本の歴史』三六―四四号（朝日新聞出版）
●『石橋湛山』浅川　保（山日ライブラリー）
●『サライ』二〇一四年一二月号（小学館）
●『昭和天皇・マッカーサー会見』豊下楢彦（岩波書店）
●『平和基本法』前田哲男他三名（高文研）
●『白熱講義・集団的自衛権』小林節（ベスト新書）

資料篇

■大日本帝国憲法

第一章　天皇

第一条　大日本帝国ハ万世一系ノ天皇之を統治ス
第二条　皇位ハ皇室典範ノ定ムル所ニ依リ皇男子孫之ヲ継承ス
第三条　天皇ハ神聖ニシテ侵スヘカラス
第四条　天皇ハ国ノ元首ニシテ統治権ヲ総攬シ此ノ憲法ノ条規ニ依リ之ヲ行フ
第五条　天皇ハ帝国議会ノ協賛以テ立法権ヲ行フ
第六条　天皇ハ法律ヲ裁可シ其ノ公布及執行ヲ命ス
第七条　天皇ハ帝国議会ヲ召集シ其ノ開会閉会停会及衆議院ノ解散ヲ命ス
第八条①天皇ハ公共ノ安全ヲ保持シ又ハ其ノ災厄ヲ避クル為緊急ノ必要ニ由リ帝国議会閉会ノ場合ニ於テ法律ニ代ルヘキ勅令ヲ発ス
②此ノ勅令ハ次ノ会期ニ於テ帝国議会ニ提出スヘシ若議会ニ於テ承諾セサルトキハ政府ハ将来ニ向テ其ノ効力ヲ失フコトヲ公布スヘシ
第九条　天皇ハ法律ヲ執行スル為ニ又ハ公共ノ安寧秩序ヲ保持シ及臣民ノ幸福ヲ増進スル為ニ必要ナル命令ヲ以テ法律ヲ変更スルコトヲ得ス
第一〇条　天皇ハ行政各部ノ官制及文武官ノ俸給ヲ定メ及文武官ヲ任免ス但シ此ノ憲法又ハ他ノ法律ニ特例ヲ掲ケタルモノハ各〻其ノ条項ニ依ル
第一一条　天皇ハ陸海軍ヲ統帥ス
第一二条　天皇ハ陸海軍ノ編制及常備兵額ヲ定ム
第一三条　天皇ハ戦ヲ宣シ和ヲ講シ及諸般ノ条約ヲ締結ス
第一四条①天皇ハ戒厳ヲ宣告ス
②戒厳ノ要件及効力ハ法律ヲ以テ之ヲ定ム
第一五条　天皇ハ爵位勲章及其ノ他ノ栄典ヲ授与ス
第一六条　天皇ハ大赦特赦減刑及復権ヲ命ス

第一七条①摂政ヲ置クハ皇室典範ノ定ムル所ニ依ル
②摂政ハ天皇ノ名ニ於テ大権ヲ行フ

第二章　臣民権利義務

第一八条　日本臣民タルノ要件ハ法律ノ定ムル所ニ依ル
第一九条　日本臣民ハ法律命令ノ定ムル所ノ資格ニ応シ均ク文武官ニ任セラレ及其ノ他ノ公務ニ就クコトヲ得
第二〇条　日本臣民ハ法律ノ定ムル所に従ヒ兵役ノ義務ヲ有ス
第二一条　日本臣民ハ法律ノ定ムル所ニ従ヒ納税ノ義務ヲ有ス
第二二条　日本臣民ハ法律ノ範囲内ニ於テ居住及移転ノ自由ヲ有ス
第二三条　日本臣民ハ法律ニ依ルニ非スシテ逮捕監禁審問処罰ヲ受クルコトナシ
第二四条　日本臣民ハ法律ニ定メタル裁判官ノ裁判ヲ受クルノ権ヲ奪ハル丶コトナシ
第二五条　日本臣民ハ法律ニ定メタル場合ヲ除ク外其ノ許諾ナクシテ住所ニ侵入セラレ及捜索セラル丶コトナシ
第二六条　日本臣民ハ法律ニ定メタル場合ヲ除ク外信書ノ秘密ヲ侵サル丶コトナシ
第二七条①日本臣民ハ其ノ所有権ヲ侵サル丶コトナシ
②公益ノ為必要ナル処分ハ法律ノ定ムル所ニ依ル
第二八条　日本臣民ハ安寧秩序ヲ妨ケス及臣民タルノ義務ニ背カサル限ニ於テ信教ノ自由ヲ有ス
第二九条　日本臣民ハ法律ノ範囲内ニ於テ言論著作印行集会及結社ノ自由ヲ有ス
第三〇条　日本臣民ハ相当ノ敬礼ヲ守リ別ニ定ムル所ノ規程ニ従ヒ請願ヲ為スコトヲ得
第三一条　本章ニ掲ケタル条規ハ戦時又ハ国家事変ノ場合ニ於テ天皇大権ノ施行ヲ妨クルコトナシ
第三二条　本章ニ掲ケタル条規ハ陸海軍ノ法令又ハ紀律ニ抵触セサルモノニ限リ軍人ニ準行ス

■東洋大日本国国憲按

第一編　国家ノ大則及権限

第一章　国家ノ大則

第一条　日本国ハ日本国憲法ニ循テ之ヲ立テ之ヲ持ス

第二条　日本国ニ一立法院一行政府一司法庁ヲ置ク憲法其規則ヲ設ク

第二章　国家ノ権限

第三条　日本ノ国家ハ国家政府ヲ達成センカ為メニ必要ナル物事ヲ備フルヲ得

第四条　日本国ハ外国ニ対シテ交際ヲ為シ条約ヲ結フヲ得

第五条　日本国家ハ日本各人ノ自由権利ヲ殺減スル規則ヲ作リテ之ヲ行フヲ得ス

第六条　日本国家ハ日本国民各自ノ私事ニ干渉スルコトヲ施スヲ得ス

第二編　聯邦ノ大則及権限並ニ各州ト相関スル法

第一章　聯邦ノ大則

第七条　日本　武蔵州　山城州　大和州　和泉州　摂津州　伊賀州　伊勢州　志摩州
尾張州　三河州　遠江州　駿河州　甲斐州　伊豆州　相模州　安房州　上総州
下総州　常陸州　近江州　美濃州　飛騨集　信濃州　上野州　下野州　岩代州
磐城州　陸前州　陸中州　陸奥州　羽前州　羽後州　若狭州　越前州　加賀州
能登州　越後州　越中州　佐渡州　丹後州　但馬州　因幡州　伯耆州　出雲州
岩見州　隠岐州　播磨州　美作州　備中州　安芸州　周防州　長門州　紀伊州
淡路州　阿波州　讃岐州　伊予州　土佐州　筑前州　筑後州　豊前州　豊後州
肥前州　肥後州　日向州　大隈州　薩摩州　壱岐州　対馬州　琉球州
ヲ聯合シテ日本聯邦トナス

第八条　日本聯邦ニ大政府ヲ置キ聯邦ノ政ヲ統フ
第九条　日本聯邦ハ日本各州ニ対シ其州ノ自由独立ヲ保護スルヲ主トスヘシ
第一〇条　日本国内ニ於テ未タ独立ノ州ヲ為ササル者ハ聯邦之ヲ管理ス
第一一条　日本聯邦ハ日本各州ニ対シ外国ノ侵冦ヲ保禦スルノ責アリ

第二章　聯邦ノ権限竝ニ各州ト相関スル法

第一二条　日本聯邦ハ日本各州相互ノ間ニ関シテ規則ヲ立ツルコトヲ得
第一三条　日本聯邦ハ日本各州ニ対シテ其一州内各自ノ事件ニ干渉スルヲ得ス其州内郡邑等ノ定制ニ干渉スルヲ得ス
第一四条　日本聯邦ハ日本各州ノ土地ヲ奪フヲ得ス其州ノ肯テ諾スルニ非サレハ一州ヲモ廃スルヲ得ス
第一五条　憲法ニ非サレハ日本諸州ヲ合割スルヲ得ス諸州ノ境界ヲ変スルヲ得ス
第一六条　日本国内ニ於テ新ニ州ヲ為スニ就テ日本聯邦ニ合セントスル者アルトキハ聯邦ハ之ヲ妨クヲ得ス
第一七条　外国ト諸同盟約ヲ結フノ権国家ノ体面ヲ以テ諸外国ト交際ヲ為スノ権ハ聯邦ニアリ
第一八条　聯邦中ニ用フル度量衡ヲ制定スルノ権ハ聯邦ニアリ
第一九条　通貨ヲ造ルノ権ハ聯邦ニアリ
第二〇条　海関税ヲ定ルノ権ハ聯邦ニアリ
第二一条　宣戦講和ノ権ハ聯邦ニアリ
第二二条　日本聯邦ハ聯邦ノ管スル処ニ燈船燈台浮標ヲ設クルヲ得同種類ノ者ハ順次揚クルヲ得
第二三条　日本聯邦ハ駅逓ヲ管理スルヲ得
第二四条　日本聯邦ハ特ニ聯邦ニ関スル事物ノ為メニ諸法律規則ヲ定ムルヲ得
第二五条　日本聯邦（ハ）外国貨幣及尺度権衡ノ聯邦内ニ通用スルモノニ価位ヲ定ムルヲ得
第二六条　日本聯邦ニ常備軍ヲ設置スルヲ得
第二七条　日本中一州ト一州ト相互ノ間ニ渉ル争訟ハ聯邦之ヲ審判ス
第二八条　日本各州ト外国使節ト公務ノ往復アルトキハ聯邦行政府ヲ経由ス

第三編　各州ノ権限並ニ聯邦ト相関スル法

第二九条　日本各州ハ日本聯邦ノ大ニ抵触スルモノヲ除クノ外皆独立シテ自由ナルモノトス何等ノ政体政治ヲ行フトモ聯邦之ニ干渉スルコトナシ

第三〇条　日本ノ各州ハ外国ニ向ヒ国家ノ権利体面ニ関シ国土ニ関スル条約ヲ結フコトヲ得ス

第三一条　日本各州ハ外国ニ向ヒ聯邦並ニ他州ノ権利ニ関セサル事ニ限リ経済上ノ件警察上ノ件ニ就キ互約ヲ為スヲ得又タ法則ヲ立ツルコトヲ得

第三二条　日本各州ハ既ニ冦賊ノ来襲ヲ受ケ危害ニ迫ルニアラサレハ戦ヲ為スヲ得ス

第三三条　日本各州ハ互ニ戦闘スルヲ得ス争訟アレハ決ヲ聯邦政府ニ仰ク

第三四条　日本各州ハ現ニ強敵ヲ受ケ大乱ノ生シタルカ如キ危急ノ時期ニ際シテハ聯邦ニ報シテ救援ヲ求ルコトヲ得又タ他州ニ向テ応援ヲ請フコトヲ得各州右ノ次第ヲ以テ他州ヨリ応援ヲ請ハレシ時真ニ其危急ニ迫ルヲ知ルトキハ赴援スルヲ得其費ハ聯邦ニ於テ之ヲ弁ス

第三五条　日本各州ハ常備兵ヲ設置スルヲ得

第三六条　日本各州ハ護郷兵ヲ設置スルヲ得

第三七条　日本各州ハ聯邦ノ許免ヲ持タスシテ二州以上互ニ盟約ヲ結フヲ得ス

第三八条　日本各州ハ二州以上協議ヲ以テ其境ヲ変革スルヲ得又タ其境界ヲ合スルヲ得此事アルトキハ必ス聯邦ニ通セサルヘカラスルトキハ必ス聯邦ニ通セサルヘカラス

第三九条　（欠落）

第四編　日本国民及日本人民ノ自由権利

第四〇条　日本ノ政治社会ニアル者之ヲ日本国人民トナス

第四一条　日本ノ人民ハ自ラ好ンテ之ヲ脱スルカ及自ラ諾スルニ非サレハ日本人タルコトヲ削カル丶コトナシ

第四二条　日本ノ人民ハ法律上ニ於テ平等トナス

第四三条　日本ノ人民ハ法律ノ外ニ於テ自由権利ヲ犯サレサルヘシ
第四四条　日本ノ人民ハ生命ヲ全フシ四肢ヲ全フシ形体ヲ全フシ健康ヲ保チ面目ヲ保チ地上ノ物件ヲ使用スルノ権ヲ有ス
第四五条　日本ノ人民ハ何等ノ罪アリト雖モ生命ヲ奪ハレサルヘシ
第四六条　日本ノ人民ハ法律ノ外ニ於テ何等ノ刑罰ヲモ科セラレサルヘシ又タ法律ノ外ニ於テ麹治セラレ逮捕セラレ拘留セラレ禁錮セラレ喚問セラル丶コトナシ
第四七条　日本人民ハ一罪ノ為メニ身体汚辱ノ刑ヲ再ヒセラル丶コトナシ
第四八条　日本人民ハ拷問ヲ加ヘラル丶コトナシ
第四九条　日本人民ハ思想ノ自由ヲ有ス
第五〇条　日本人民ハ如何ナル宗教ヲ信スルモ自由ナリ
第五一条　日本人民ハ言語ヲ述フルノ自由権ヲ有ス
第五二条　日本人民ハ議論ヲ演フルノ自由権ヲ有ス
第五三条　日本人民ハ言語ヲ筆記シ板行シテ之ヲ世ニ公ケニスルノ権ヲ有ス
第五四条　日本人民ハ自由ニ集会スルノ権ヲ有ス
第五五条　日本人民ハ自由ニ結社スルノ権ヲ有ス
第五六条　日本人民ハ自由ニ歩行スルノ権ヲ有ス
第五七条　日本人民ハ住居ヲ犯サレサルノ権ヲ有ス
第五八条　日本人民ハ何クニ住居スルモ自由トス又タ何クニ旅行スルモ自由トス
第五九条　日本人民ハ何等ノ教授ヲナシ何等ノ学ヲナスモ自由トス
第六〇条　日本人民ハ如何ナル産業ヲ営ムモ自由トス
第六一条　日本人民ハ法律ノ正序ニ拠ラスシテ室内ヲ探検セラレ器物ヲ開視セラル丶コトナシ
第六二条　日本人民ハ信書ノ秘密ヲ犯サレサルヘシ
第六三条　日本人民ハ日本国ヲ辞スルコト自由トス
第六四条　日本人民ハ凡ソ無法ニ抵抗スルコトヲ得

第六五条　日本人民ハ諸財産ヲ自由ニスルノ権アリ
第六六条　日本人民ハ何等ノ罪アリト雖モ其私有ヲ没収セラル丶コトナシ
第六七条　日本人民ハ正当ノ報償ナクシテ所有ヲ公用トセラルコトナシ
第六八条　日本人民ハ其名ヲ以テ政府ニ上書スルコトヲ得各其身ノタメニ請願ヲナスノ権アリ其公立会社ニ於テハ会社ノ名ヲ以テ其書ヲ呈スルコトヲ得
第六九条　日本人民ハ諸政官ニ任セラル丶ノ権アリ
第七〇条　政府国憲ニ違背スルトキハ日本人民ハ之ニ従ハサルコトヲ得
第七一条　政府官吏圧制ヲ為ストキハ日本人民ハ之ヲ排斥スルヲ得
政府威力ヲ以テ擅恣暴逆ヲ逞フスルトキハ日本人民ハ兵器ヲ以テ之ニ抗スルコトヲ得
第七二条　政府恣ニ国憲ニ背キ擅ニ人民ノ自由権利ヲ残害シ建国ノ趣ヲ妨クルトキハ日本国民ハ之ヲ覆滅シテ新政府ヲ建設スルコトヲ得
第七三条　日本人民ハ兵士ノ宿泊ヲ拒絶スルヲ得
第七四条　日本人民ハ法廷ニ喚問セラル丶時ニ当リ詞訴ノ起ル原由ヲ聴クヲ得己レヲ訴フル本人ト対決スルヲ得己レヲ助クル証拠人及表白スルノ人ヲ得ルノ権利アリ

第五編　皇帝及皇族摂政

第一章　皇帝ノ特権

第七五条　皇帝ハ国政ノ為ニ責ニ任セス
第七六条　皇帝ハ刑ヲ加ヘラル丶コトナシ
第七七条　皇帝ハ身体ニ属スル賦税ヲ免カル

第二章　皇帝ノ権限

第七八条　皇帝ハ兵馬ノ大権ヲ握ル宣戦講和ノ機ヲ統フ他国ノ独立ヲ認ムルト認メサルトヲ決ス但シ和戦ヲ決シタルトキハ直ニ立法院ニ報告セサル可ラス

第七九条　皇帝ハ平時ニ在リ立法院ノ議ヲ経スシテ兵士ヲ徴募スルヲ得
第八〇条　皇帝ハ外国事務ノ総裁タリ諸外国交官ヲ命スルヲ得外国交際ノ礼ヲナスヲ得但シ国権ニ関スル条約連盟ハ立法院ノ議ヲ経ルニ非レバ決行スルヲ得ス
第八一条　皇帝ハ人民ニ勲等賞牌ヲ与フルヲ得ス位階ヲ与フルコトヲ得ス
第八二条　皇帝ハ立法院ノ議ニ由ラサレハ通貨ヲ創造若クハ改造スルヲ得ス
第八三条　皇帝ハ立法議会ノ承諾ヲ経テ聯邦ノ罪囚ヲ赦免シ及降減スルコトヲ得聯邦規定ノ裁判ヲ他ノ裁判所ニ移シテ復審セシムルコトヲ得法司ノ法権ヲ施スヲ沮格スルヲ得ス聯邦執政ノ職務罪ニ係ル者ハ聯邦立法院ニ反テ恩赦ヲ与ヘ降減ヲナスコトヲ得ス
第八四条　皇帝ハ立法議会ヲ延引スルヲ得立法議院ノ承諾ナクシテ三十日ヲ越ユルコトヲ得ス
第八五条　皇帝ハ諸兵備ヲ為スヲ得
第八六条　皇帝ハ国政ヲ施行スルカ為メニ必要ナル命令ヲ発スルコトヲ得
第八七条　皇帝ハ人民ノ権利ニ係ルコト国家ノ金銭ヲ費スヘキコト国家ノ土地ヲ変スヘキコトヲ専行スルヲ得ス必ス聯邦立法院ノ議ヲ経ルヲ要ス立法院ノ議ヲ経サルモノハ実行スルニ効ナシ
第八八条　皇帝ハ聯邦行政府ニ出頭シテ政ヲ秉ル
第八九条　皇帝ハ聯邦行政府ノ長タリ常ニ聯邦行政ノ権ヲ統フ特定ニ定ムル者ノ外聯邦諸行政官吏ヲ命スルヲ得
第九〇条　皇帝ハ聯邦司法庁ノ長タリ其名ヲ以テ法権ヲ行フ又法官ヲ命ス
第九一条　皇帝ハ現行ノ法律ヲ廃シ已定ノ法律ヲ格置スルヲ得
第九二条　皇帝ハ法ノ外ニ於テ租税ヲ収ムルヲ得ス
第九三条　皇帝ハ法ノ外ニ於テ立法院ノ議ヲ拒ムヲ得ス
第九四条　皇帝ハ立法議会ト意見ヲ異ニシテ和セサルニ当リ一タヒ其議会ヲ解散スルコトヲ得之ヲ解散シタルトキハ必ス三日内ヲ以テ其旨ヲ各選挙区ニ達シ且人民ヲシテ更ニ議員ヲ撰バシメ必ス六十日以内ヲ以テ議会ヲ復開セサル可ラス一タヒ解散シタル上ニテ復開シタル議会ハ同事件ニ就テ再ヒ解散スルコトヲ得ス

第九五条　立法院ノ議決シタルコトニシテ皇帝之ヲ実施シ難シト為ストキハ議会ヲシテ之ヲ再議セシムルヲ得此ノ如キトキハ皇帝ハ其由ヲ詳説陳弁セサル可ラス

第三章　皇帝及皇帝ノ継承

第九六条　日本国皇帝ノ位ハ今上天皇睦仁陛下ニ属ス

第九七条　今上皇帝陛下位ヲ去レハ陛下ノ正統子孫ニ伝フ若シ子孫ナキトキハ尊族ノ親近ナル者ニ譲ル左ノ次序ニ循フ

今上皇帝ノ位ハ第一嫡皇子及其統ニ世伝ス

第二嫡皇子及其統ナキトキハ嫡庶子及其統ニ世伝ス

第三嫡庶子及其統ナキトキハ嫡皇子及其統ニ世伝ス

第四以上統ナキトキハ嫡皇女及其統ニ世伝ス

第五以上統ナキトキハ庶皇女ニ世伝ス

第六若シモ以上ノ嫡皇子孫庶皇子孫及其統ナキトキハ皇帝兄弟姉妹及其統ニ世伝ス

第八若シモ皇帝ノ嫡庶子孫兄弟姉妹伯叔父母及其統ナキトキハ立法院ノ議ヲ以テ皇族中ヨリ撰ビ其嗣ヲ定ム

第九八条　帝位継承ノ順序ハ男ハ女ニ先チ長ハ幼ニ先チ嫡ハ庶ニ先ツ

第九九条　非常特別ノコトアリ帝位継承ノ順序ヲ変セントスルコトアレハ皇帝ト立法院トノ協議ヲ経テ之ヲ行フヘシ

第四章　皇帝ノ即位

第一〇〇条　皇帝ノ即位ハ必ス立法議員列席ノ前ニ於テス

第五章　皇帝ノ婚姻

第一〇一条　皇帝ノ婚姻ハ必ス立法院ノ議ヲ経ルヲ要ス

第一〇二条　女帝ノ夫婿ハ王権ニ干渉スルヲ得ス

第六章　皇帝ノ歳俸

第一〇三条　皇帝ハ年々国庫ヨリ〇〇円ノ俸ヲ受ク

第七章　皇帝ノ年齢

第一〇四条　皇帝ノ歳未タ一八歳ニ至ラサル内ハ之ヲ未成年ト定ム一八歳ニ及ヘハ之ヲ成年ト定ム

第八章　摂政

第一〇五条　皇帝未成年ノ間ハ摂政ヲ置ク

第一〇六条　皇帝長ク事故アリテ親ヲ政ヲ秉ル能ハサルトキハ摂政職ヲ置ク

第一〇七条　皇帝事故アリテ摂政職ヲ置クノ時ニ際シ皇太子成年ナルトキハ皇太子ヲ以テ摂政ニ当ツ

第一〇八条　摂政ハ皇帝ノ名ヲ以テ王権ヲ行フ

第一〇九条　摂政ハ職制章程ハ立法院ニ於テ之ヲ立定ス

第一一〇条　摂政官ハ皇帝又ハ主相之ヲ指名シ立法院之ヲ定ム

第一一一条　皇帝嗣ノ未成年中ニ其位ヲ譲ラントスルノ場合ニ於テハ予メ摂政官ヲ指名シテ立法院ノ議ニ附シ之ヲ定ムルコトヲ得

第九章　皇族

第一一二条　皇太子ハ身体ニ関スル賦課ヲ免カル

第一一三条　皇太子ハ年々国庫ヨリ支給ヲ受ク法章之ヲ定ム

第六編　立法権ニ関スル諸則

第一章　立法権ニ関スル諸則

第一一四条　日本聯邦ニ関スル立法ノ権ハ日本聯邦人民全体ニ属ス

第一一五条　日本聯邦人民ハ皆聯邦ノ立法議政ノ権ニ与カルコトヲ得
第一一六条　日本皇帝ハ日本聯邦立法権ニ与カルコトヲ得
第一一七条　日本聯邦ノ法律制度ハ聯邦立法院ニ於テ立定ス
第一一八条　聯邦立法院ハ全国ニ一ヲ置ク
第一一九条　聯邦立法ノ権ハ限数人代議ノ制ヲ用ヒテ之ヲ行フ

第二章　立法院権限

第一二〇条　聯邦立法院ハ聯邦ニ関スル租税ヲ定ムルノ権ヲ有ス
第一二一条　聯邦立法院ハ聯邦ノ軍律ヲ定ムルコトヲ得
第一二二条　聯邦立法院ハ聯邦裁判所ノ訴訟法ヲ定ムルヲ得
第一二三条　聯邦立法院ハ聯邦ニ関スル兵制ヲ議定スルコトヲ得
第一二四条　聯邦立法院ハ聯邦ノ名ヲ以テ国債ヲ起シ金銭ヲ借リ之ヲ償却スルノ法ヲ立ルコトヲ得
第一二五条　聯邦立法院ハ通貨ニ関スル法律ヲ立ルコトヲ得聯邦ニ対スル国事犯罪律ヲ立ルヲ得
第一二六条　聯邦立法院ハ郵便ノ制ヲ立ルヲ得
第一二七条　聯邦立法院ハ聯邦ノ通貨ヲ増減改造スルノ議ヲ定ルコトヲ得
第一二八条　聯邦立法院ハ聯邦ノ共有物ヲ所置スルヲ得
第一二九条　聯邦立法院ハ聯邦政府ノ保障ヲ為ス銀行会社ノ規則ヲ立ルコトヲ得
第一三〇条　聯邦立法院ハ切要ナル調査ニ関シ聯邦ノ官吏ヲ議場ニ提喚スルノ権アリ又聯邦人民ヲ召喚スルノ権アリ又聯邦人民ヲ召喚シテ事情ヲ質スルコトヲ得
第一三一条　聯邦立法院ハ憲法ノ許ス所ノ権利ヲ行フカ為メニ諸規則立ルヲ得
第一三二条　聯邦立法院ハ外国人并ニ国外ノ者ニ関スル規則ヲ立ツルコトヲ得
第一三三条　聯邦立法院ハ聯邦行政府諸執行ノ職務ニ関スル罪科竝ニ国事犯罪ヲ弾劾論告シ正的ノ法院ニ求刑スルノ権ヲ有ス
第一三四条　聯邦立法院ハ本院議員ノ権任ヲ監査スルノ権アリ

第一三五条　聯邦立法院ハ議員ニシテ其職分ニ関スル命令規則ニ違背スル者ヲ処分スルヲ得

第一三六条　聯邦立法院ハ既往ニ溯ルノ法律ヲ立ルヲ得ス

第一三七条　聯邦立法院ハ外国ト条約ヲ結ヒ連盟ヲ為スヲ決定スルノ権アリ但シ国権ノ独立ヲ失フノ契約ヲナスヲ得ス

第一三八条　聯邦立法院ハ行政部ニ対シ推問ノ権ヲ有ス

第三章　立法議員ノ権力

第一三九条　聯邦立法議員ハ其職ヲ行フニ附キ発言シタル意見ニ就テ糾治検索セラル丶コトナシ

第一四〇条　聯邦立法議員ハ本院ノ許可ヲ経スシテ開会ノ間並ニ其前後三十日間ハ要領ノ為ニ拘引拘留セラル丶コトナシ刑事ノ為ニ掌捕セラレル丶ナシ但シ現行犯ハ此限ニアラス

第四章　議員選挙及被選挙ノ法

第一四一条　聯邦議員ハ聯邦人民之ヲ直撰ス

第一四二条　聯邦議員ハ一州各七名ト定ム

第一四三条　現ニ租税ヲ納メサル者現ニ法律ノ罪ニ服シ居ル者政府ノ官吏ハ議員ヲ選挙スルコトヲ得ス

第一四四条　現ニ法律ノ罪ニ服シ居ル者政府官吏ハ議員ニ撰挙セラル丶コトヲ得ス

第一四五条　日本各州ハ何レノ州ノ人ヲ撰挙シテ議員トナスモ自由トス

第五章　議員ノ任期

第一四六条　聯邦ノ立法議員ハ三年ヲ一期トシ三年毎ニ全員ヲ改撰ス

第六章　議員ノ俸給旅費

第一四七条　聯邦ノ立法議員ハ年々国庫ヨリ三千円ノ手当金ヲ受ク又其会議ニ出ツル毎ニ往復旅費ヲ受ク

第一四七条　（欠落）

第七章　議員ノ制限

第一四八条　聯邦ノ立法議員ハ聯邦行政官ヲ兼ルヲ得ス

第八章　立法会議

第一四九条　聯邦ノ立法会議ハ毎年一回之ヲ為ス其ノ他事ナキニ於テハ十月第一ノ月曜日ニ之ヲ開ク

第一五〇条　議事ノ多少ニ依リ皇帝ハ時々期日ヲ伸縮スルヲ得然レトモ議員過半数ノ同意アルトキハ皇帝ノ命アリト雖モ議会其伸縮ヲ定ム

第九章　立法会議開閉集散

第一五一条　非常ノ事件アリテ会議ヲ要スルトキハ皇帝ハ臨時会ヲ開クコトヲ得

第一五二条　聯邦会議ノ開閉ハ皇帝之ヲ司ル

第一五三条　毎年ノ常会ハ皇帝ノ命ナシト雖モ聯邦議員ハ自ラ会シテ議事ヲ為スコトヲ得

第一五四条　皇帝崩去ノ時ニ在リテハ聯邦議会ハ臨時会ヲ開ク

第一五五条　現在議員ノ年期已ニ尽クルノ際未タ交代ス可キノ議員ノ撰挙セラレサルノ間ニ於テ皇帝崩スルコトアルトキハ前期ノ議員集合シテ新議員ヲ生スルマテ議会ヲ為ス事ヲ得

第一五六条　立法会議皇帝ノ為ニ解散セラレ皇帝国法ノ通リニ復立セサル時ハ解散セラレタル議会ハ自ラ復会スルヲ得

第十章　会議規則

第一五七条　聯邦立法議案ハ立法院国王倶ニ之ヲ出スコトヲ得

第一五八条　聯邦立法議会ノ議長ハ立法院ニ於テ議員ヨリ公撰ス

第一五九条　凡会議ハ議員全数ノ過半数ノ出席ナレハ之ヲ開クコトヲ得但シ同一事件ニ付再度以上集会ヲ催シタルトキハ過半数ノ出席ナシト雖モ議事ヲ為スコトヲ得

第一六〇条　特別ニ定メタル規則ナキ事件ノ議事総テ出席員過半数ノ議ヲ以テ決定ス両議同数ナルコトアルトキハ議長ノ傾向スル所ニ決ス

第一六一条　聯邦ノ立法会議ハ公ニ傍聴ヲ許ルス其特異ノ時機ニ際シテハ秘密ニスルヲ得

第十一章　立法院ノ決議ヲ国法トナスニ就テ皇帝ト相関スル規則

第一六二条　聯邦立法院ニテ決定シタル成説ハ皇帝ニ呈シテ承認ヲ得ルヲ必トス

第一六三条　皇帝立法院ノ成議ヲ受取ラハ三日以内ニ必ス其答ヲ為サヽル可ラス若シ其熟考セント要スルコトアラハ其趣ヲ申通シテ二十日以内ニ可否ヲ示ス

第一六四条　聯邦立法院ノ決定スル所ニシテ皇帝準許セサルコトアル（ト）キハ立法院ヲシテ之ヲ再議セシム立法院之ヲ再議シタルトキハ議員総数過半以上ノ同意アルヲ見レハ更ニ奏シテ必ス之ヲ行フニ定ム

第七編　行政権ニ関スル諸則

第一章　行政権ニ関スル大則

第一六五条　日本聯邦行政権ハ日本皇帝ニ属ス

第一六六条　日本聯邦ノ行政府ハ日本皇帝ニ於テ統轄ス

第一六七条　日本聯邦ノ行政権ハ聯邦行政府ニ於テ開施ス

第一六八条　皇帝ノ行政権ヲ行フニ就テハ国家ニ一ノ主相ヲ置キ又諸政ノ類ヲ分テ其各省ヲ設ケ其各主務官ヲ命ス

第一六九条　皇帝ヨリ出ス諸件ノ布告ハ主相ノ名ヲ署シ当該ノ本任長官副署シテ之ヲ発ス執政ノ副署ナキモノハ実行スルノ効ナシ

第一七〇条　皇帝ヨリ発スル諸件ノ布告ニ就テハ主相及当該ノ本任長官其責ニ任ス但シ執政ノ副署ナキモノハ執政ハ責ニ任セス

第二章　行政官

第一七一条　聯邦行政官ハ皇帝ノ命ニ従フテ其職務ヲ取ル
第一七二条　主相ハ皇帝ニ奏シテ諸省ノ長官ヲ任命スルヲ得
第一七三条　聯邦執政ハ議案ヲ草シテ立法議会ニ提出スルヲ得又議会ニ参スルヲ得決議ノ数ニ入ルコトヲ得ス
第一七四条　聯邦行政官ハ聯邦立法議員ヲ兼ヌルヲ得ス
第一七五条　聯邦行政官ハ其執行スル政務ニ就キ皇帝並ニ国民ニ対シテ責ニ任ス其一執政ノ分テ為セシコトハ当該ノ一執政乃チ其責ニ任ス其衆執政分テ為セシコトハ衆執政連帯シテ其責ニ任セス
第一七六条　聯邦行政府官タル者職務上ノ罪犯過失ニ就テ弾劾セラレ糾問セラルヽ間ハ其ノ職ヲ辞スルヲ得ス

第三章　行政府

第一七七条　聯邦行政官府ハ毎歳国費ニ関スル議案ヲ草シ立法議会ニ出ス
第一七八条　聯邦行政府ハ毎歳国費決算書ヲ製シ立法議院ニ報ス

第四章　統計局

第一七九条　国家歳出入ノ予算表精算表ハ行政府統計局ニ於テ之ヲ調達ス
第一八〇条　統計局ノ長官ハ立法院之ヲ撰任ス
第一八一条　統計局ハ国家ノ出納会計ヲ検査観察スルコトヲ得
第一八二条　統計局ハ行政各部ヨリ会計ニ関スル一切ノ書類ヲ捨聚スルコトヲ得

第八編　司法権ニ関スル諸規則

第一章　司法権ニ関スル大則

第一八三条　聯邦司法権ハ法律ニ定メタル法衙ニ於テ之ヲ実施ス

第一八四条　特別ノ定メナキ民事刑事ノ裁判詞訟ハ司法権ノ管理ニ帰ス
第一八五条　非常法衙ヲ設ケ非常法官ヲ撰テ臨時ニ司法権ヲ行フコトヲ得ス
第一八六条　軍人ノ軍律ヲ犯スモノハ其軍ノ裁判所ニ於テ其軍ノ律ニ処ス

第二章　法官

第一八七条　凡ソ聯邦法官ハ立法議院ニ於テ任免ス
第一八八条　法官ハ俸給アル職任ヲ兼ヌルコトヲ得ス立法議員ヲ兼ヌルコトヲ得ス

第三章　法衙

第一八九条　聯邦法衙ハ憲ニ遵フノ外不羈ニシテ他ノ管轄ヲ受ケス

第四章　裁判

第一九〇条　凡ソ裁判ハ理由ヲ附シ所以ヲ明ニス
第一九一条　民事裁判ハ代言ヲ許ス
第一九二条　刑事裁判陪審ヲ設ケ弁護人ヲ許ス
第一九三条　裁判ハ衆人ノ傍聴ヲ許シテ公ケニ之ヲ行フ風俗ヲ害スル事件ニ限リ傍聴ヲ禁スルコトヲ得

第五章　高等法院

第一九四条　諸法衙ノ外日本全国ニ一ノ高等法院ヲ置ク
第一九五条　高等法院ハ執政ノ職務ニ係ル事案ヲ審判ス
第一九六条　高等法院ハ皇王ニ対スル犯罪聯邦ニ対スル犯罪ノ如キ通常犯罪ノ他ナル非常ノ大犯罪ヲ審明ス

第九編　土地

第一九七条　国家土地ハ全国家ノ共有トス

第一九八条　国家ノ土地ハ立法院ノ議ニ非ラサレハ一モ動カス事ヲ得ス
第一九九条　国家ノ土地ハ立法院ノ議ニ非サレハ之ヲ他国ニ売リ若クハ譲リ若クハ交換シ若クハ抵当ニ入ル丶コトヲ得ス

第十編　租税

第二〇〇条　聯邦ノ租税ハ各州ヨリ課ス其額ハ法律之ヲ定ム
第二〇一条　聯邦ノ租税ハ聯邦立法院ノ議ヲ経ルニ非サレハ一モ徴収スルヲ得ス
第二〇二条　聯邦ノ租税ハ毎年一回立法院ニ於テ議定ス

第十一編　国金

第二〇三条　聯邦ノ金銭ハ憲法ニ非レハ之ヲ使用シ之ヲ消費スルヲ得ス

第十二編　財政

第二〇四条　憲法ニ依ルニ非レハ政府ハ国債ヲ起スヲ得ス
第二〇五条　憲法ニ依ラサレハ政府ハ諸債ノ立ツコトヲ得ス

第十三編　会計

第二〇五条　毎年一切ノ出納ハ預算表並ニ掲ケテ必ス国家ニ告示ス

第十四編　甲兵

第二〇六条　国家ノ兵権ハ皇帝ニアリ
第二〇七条　国家ノ大元帥ハ皇帝ト定ム
第二〇八条　国家ノ将軍ハ皇帝之ヲ撰任ス
第二〇九条　常備兵ハ法律ニ従ヒ皇帝ヨリ民衆中ニ募リテ之ニ応スルモノヲ用ユ

第二一〇条　常備軍ヲ監督スルハ皇帝ニ在リ非常ノコトアルニ際シテハ皇帝ハ常備軍ノ外ニ於テ軍兵ヲ募リ志願ニ従フテ之レヲ用フルヲ得

第二一〇条　他国ノ兵ハ立法院ノ議ヲ経ルニ非ラサレハ雇使スルヲ得ス本編初条ニ置ク見込ミ軍兵ハ国憲ヲ護衛スルモノトス

第十五編　外国人帰化

第二一二条　日本国ハ外国人ノ帰化ヲ許ス

第十六編　特法

第二一三条　内外戦乱アル時ニ限リ其地ニ於テハ一時人身自由住居自由言論出版自由集会結社自由等ノ権利ヲ行フ力ヲ制シ取締ノ規則ヲ立ツルコトアルベシ其時機ヲ終ヘハ必ス直ニ之ヲ廃セサルヲ得ス

第二一五条　戦乱ノ為ニ已ムヲ得サルコトアレハ相当ノ償ヲ為シテ民人ノ私有ヲ収用シ若クハ之ヲ滅尽シ若クハ之ヲ消費スルコトアルヘシ其最モ急ニシテ予メ本人ニ照会シ予メ償ヲ為ス暇ナキトキハ後ニテ其償ヲ為スヲ得

第二一六条　戦乱アルノ場合ニハ其時ニ限リ已ムヲ得サルコトノミ法律ヲ置格スルコトアルヘシ

第十七編　鉄道電信陸路水利用

第二一七条　新ニ鉄道ヲ造リ電信ヲ架シ陸路ヲ啓キ水利ヲ通スル等ノコトハ通常会議ニ於テ之ヲ議スルヲ得ス立法議院特別ノ会議ヲ以テ之ヲ定ムルヲ得議員過半数ノ同意アルモノハ之ヲ行フコトヲ得

第十八編　憲法改正

第二一八条　日本国憲法ヲ添删改正スルトキハ必ス立法会議ニ於テ之ヲ定ム

第二一九条　憲法改正ノ議事ハ其日ノ出席議員数如何ニ関スル議員惣数ノ過半数ノ同意ニ非ラサレハ決定スルヲ得ス

附則

第二三〇条　日本国憲法施行ノ日ヨリ一切ノ法律条例布告等ノ国権ニ抵触スルモノハ皆之ヲ廃ス

（明治一四（一八八一）年八月起草草稿本）

■五日市憲法草案

【各条文はあきる野市デジタルアーカイブによる。次の註もそれに基づいた】

1　本文中、若干の虫喰いのための不明箇所がある。その部分は〔　〕の中へ推定の語句を挿入した。

2　利用者の便宜を考え、各条文の頭に数字を付し、読みづらい字に「ふりがな」をつけた。なお、「トキ」「トモ」は、左右に組み合わせた一つの文字、「コト」は鉤型の一文字であるが、二文字に分けて（　）内に表記した。

日本帝国憲法　第二篇　公法

第一章　国民ノ権利

四二　左ニ掲クル者ヲ日本国民トス

一　凡ソ日本国内ニ生ル丶者

二　日本国外ニ生ル丶（トモ）日本国人ヲ父母トスル子女

三　帰化ノ〔免〕状ヲ得タル外国人

但シ帰化〔ノ〕外国人カ享有スヘキ其権利ハ法律別ニ之ヲ定ム

四三　左ニ掲クル者ハ政権ノ受用ヲ停閣ス
一　外形ノ無能（廃疾ノ類）心性ノ無能（狂癲《きょうてん》白痴ノ類）
二　禁獄若クハ配流ノ審判
但シ期満レハ政権剥奪ノ禁ヲ解ク
四四　左ニ掲クル者ハ日本国民ノ権利ヲ失フ
一　外国ニ帰化シ外国ノ籍ニ入ルモノ
二　日本国帝ノ允許ヲ経スシテ外国政府ヨリ官職爵位称号若クハ恩賜金ヲ受クル者
四五　日本国民ハ各自ノ権利自由ヲ達ス可シ他ヨリ妨害ス可ラス且国法之ヲ保護ス可シ
四六　日本国民ハ国憲許ス所ノ財産智識アル者ハ国事政務ニ参与シ之レカ可否ノ発言ヲ為シ之ヲ議スルノ権ヲ有ス
四七　凡ソ日本国民ハ族籍位階ノ別ヲ問ハス法律上ノ前ニ対シテハ平等ノ権利タル可シ
四八　凡ソ日本国民ハ日本全国ニ於テ同一ノ法典ヲ準用シ同一ノ保護ヲ受ク可シ地方及門閥若クハ一人一族ニ与フルノ時権〔特権〕アル〔コト〕ナシ
四九　凡ソ日本国ニ在居スル人民ハ内外国人ヲ論セス其身体生命財産名誉ヲ保固ス
五〇　法律ノ条規ハ其効ヲ既往ニ及ホス（コト）アル可ラス
五一　凡ソ日本国民ハ法律ヲ遵守スルニ於テハ万事ニ就キ予《あらかじ》メ検閲ヲ受クル（コト）ナク自由ニ其思想意見論説図絵ヲ著述シ之ヲ出板頒行シ或ハ公衆ニ対シ講談討論演説シ以テ之ヲ公ニスル（コト）ヲ得ヘシ但シ其弊害ヲ抑制スルニ須要ナル処分ヲ定メタルノ法律ニ対シテハ其責罰ヲ受任ス可シ
五二　凡ソ思想自由〔ノ〕権ヲ受用スルニ由リ犯ス所ノ罪アル（トキ）ハ法律ニ定メタル時機幷《ならび》ニ程式ニ循拠シテ其責ヲ受ク可シ著刻犯ノ軽重ヲ定ムルハ法律ニ定メタル特例ヲ除クノ外ハ陪審官之ヲ行フ
五三　凡ソ日本国民ハ法律ニ拠ルノ外ニ或ハ彊《しい》テ之ヲ為サシメラレ或ハ彊テ之ヲ止メシメラル丶等ノ（コト）アル可ラス
五四　凡ソ日本国民ハ集会ノ性質或数人連署或ハ一個人ノ資格ヲ以テスルモ法律ニ定メタル程式ニ循拠

シ皇帝国家及何レノ衙門《がもん》ニ向テモ直接ニ奏呈請願又上書建白スルヲ得ルノ権ヲ有ス但シ該件ニ因テ牢獄ニ囚附セラレ或ハ刑罰ニ処セラル、（コト）アル可ラス若シ政府ノ処置ニ関シ又国民相互ノ事ニ関シ其他何ニテモ自己ノ意ニ無理ト思考スル（コト）アレハ皇帝国会何レノ衙門ニ向テモ上書建白請願スル（コト）ヲ得可シ

五五　凡ソ〔日〕本国民ハ華士族平民ヲ論〔セ〕ス其才徳器能ニ応シ国家ノ文武官僚ニ拝就スル同等ノ権利ヲ有ス

五六　凡ソ日本国民ハ何宗教タルヲ論セス之ヲ信仰スルハ各人ノ自由ニ任ス然レ（トモ）政府ハ何時ニテモ国安ヲ保シ及各宗派ノ間ニ平和ヲ保存スルニ応当ナル処分ヲ〔為〕スコトヲ得但シ国家ノ法律中ニ宗旨ノ性質ヲ負ハシムルモノハ国憲ニアラサル者トス

五七　凡ソ何レノ労作工業農耕と雖（トモ）行儀風俗ニ戻《もと》リ国民ノ安寧若クハ健康ヲ傷害スルニ非サレハ之ヲ禁制スル（コト）ナシ

五八　凡ソ日本国民ハ結社集会ノ目的若クハ其会社ノ使用スル方法ニ於テ国禁ヲ犯シ若クハ国難ヲ醸スヘキノ状ナク又戎器《じゅうき》ヲ携フルニ非スシテ平穏ニ結社集会スルノ権ヲ有ス

　但シ法律ハ結社集会ノ弊害ヲ抑制スルニ須要ナル処分ヲ定ム

五九　凡ソ日本国民ハ信書ノ秘密ヲ侵ス（コト）ヲ得ス其信書ヲ勾収スルハ現在ノ法律ニ依リ法ニ適シタル拿捕《だほ》又ハ探索ノ場合ヲ除クノ外戦時若クハ法〔衙〕ノ断案ニ拠《よる》ニ非レハ之〔ヲ〕行フ（コト）ヲ得ス

六〇　凡ソ日本国民ハ法律ニ定メタル時機ニ際シ法律ニ定示セル規程ニ循拠スルニ非サレハ之ヲ拘引召喚囚捕禁獄或ハ強テ其住屋戸〔鎖〕ヲ打開スル（コト）ヲ得ス

六一　凡ソ日本国民各自ノ住居ハ全国中何《いず》〔方〕《かた》ニテモ其人ノ自由ナル可シ而シテ他ヨリ之ヲ侵ス可ラス若シ家主ノ承允ナク或ハ家内ヨリ招キ呼フ（コト）ナク又火災水災等ヲ防禦スル為ニ非スシテ夜間人家ニ侵シ入ル（コト）ヲ得ス

六二　凡ソ日本国民ハ財産所有ノ権ヲ保〔固〕ニス如何ナル場合ト雖（トモ）財産ヲ没収セラル、（コト）ナシ公規ニ依リ其公益タルヲ証スルモ仍《な》ホ時ニ応スル至当ナル前価ノ賠償ヲ得ルノ後ニ非レハ之

レカ財産ヲ買上ラル丶（コト）〔ナ〕カル可シ

六三 凡ソ日本国民ハ国会ニ於テ決定シ国帝ノ許可ア〔ルニ〕非レ〔ハ〕決シテ租税ヲ賦課セラル丶コトナカル可シ

六四 凡ソ日本国民ハ当該ノ裁判官若クハ裁判所ニ非レハ縦令《たとい》既定ノ刑法ニ依リ又其法律ニ依〔リテ〕定ムル所ノ規程ニ循フモ之ヲ糺治《きゅうち》裁審スル（コト）ヲ得ス

六五 法律ノ正条ニ明示セル所ニ非レハ甲乙ノ別ヲ論セス拘引逮捕糾弾処刑ヲ被ル（コト）ナシ且ツ一タヒ処断ヲ得タル事件ニ付再次ノ糾弾ヲ受ク可ラス

六六 凡ソ日本国民ハ法律ニ掲クル場合ヲ除クノ外之ヲ拿捕スル（コト）ヲ得ス又拿捕スル場合ニ於テハ裁判官自ラ署名シタル文書ヲ以テ其理由ト劾告者ト証人ノ名ヲ被告者ニ告知ス可シ

六七 総テ拿捕シタル者ハ二十四時間内ニ裁判官ノ前ニ出ス（コト）ヲ要ス拿捕シタル者ヲ直ニ放逐スル（コト）能ハサル際ニ於テハ裁判官ヨリ其理由ヲ明記シタル宣告状ヲ以テ該犯ヲ禁錮ス可シ右ノ宣告ハ力《つと》〔メテ〕所能的迅速ヲ要シ遅クモ三日間内ニ之ヲ〔行〕フヘシ

但シ裁判官ノ居住ト相鄰接スル府邑村落ノ地ニ於テ拿捕スル（トキ）ハ其時ヨリ二十四時間内ニ之ヲ告知ス可シ若シ裁判官ノ〔居〕住ヨリ遠隔スル地ニ於テ拿捕スル（トキ）〔ハ〕其距離遠近ニ準シ法律ニ定メタル当応ノ期限内ニ之ヲ告知ス可シ

六八 右ノ宣告状ヲ受ケタル者ノ求ニ因リ裁判官ノ宣告シタル事件ヲ遅滞ナク控訴シ又上告スル（コト）ヲ得ヘシ

六九 一般犯罪ノ場合ニ於テ法律ニ定ムル所ノ保釈ヲ受クルノ権ヲ有ス

七〇 〔何〕人モ正当ノ裁判官ヨリ阻隔《そかく》セラ〔ル〕丶コトナシ是故ニ臨時裁判所ヲ設立スルコトヲ得可ラス

七一 国事犯ノ為ニ死刑ヲ宣告サル丶（コト）ナカル可シ

七二 凡〔ソ法〕ニ違フ〔テ〕命令シ又放免ヲ怠〔リ〕タル拿捕ハ政府ヨリ其損害ヲ被リタル者ニ〔償〕金ヲ払フ可シ

七三 凡ソ日本国民ハ何人ニ論ナク法式ノ徴募ニ膺《あた》リ兵器ヲ擁シテ海陸ノ軍伍ニ入リ日本国ノ為ニ防護

ス可シ

七四　又其所有財産ニ比率〔シ〕テ国家ノ負任（公費租税）ヲ助クルノ責ヲ免ル可ラス皇族ト雖（トモ）税ヲ除免セラル、（コト）ヲ得可ラス

七五　国債公債ハ一般ノ国民タル者負担ノ責ヲ免ル可ラス

七六　子弟ノ教育ニ於テ其学科及教授ハ自由ナル者トス然レトモ子弟小学ノ教育ハ父兄タル者ノ免ル可ラサル責任トス

七七　府県令ハ特別ノ国法ヲ以テ其綱領ヲ制定セラル可シ府県ノ自治ハ各地ノ風俗習例ニ因ル者ナルカ故ニ必ラス之ニ干渉妨害ス可ラス其権域ハ国会ト雖（トモ）之ヲ〔侵〕ス可ラサル者トス

■教育勅語（教育ニ関スル勅語）

【難読字には適宜ルビを付した。旧字体漢字は現行の字体の漢字に改めた】

朕《ちん》惟《おも》フニ我カ皇祖皇宗《こうそこうそう》国ヲ肇《はじ》ムルコト宏遠《こうえん》ニ徳ヲ樹《た》ツルコト深厚ナリ我カ臣民克《よ》ク忠ニ克ク孝ニ億兆〔心〕ヲ一《いつ》ニシテ世世厥《よよそ》ノ美ヲ済《な》セルハ此レ我カ国体ノ精華ニシテ教育ノ淵源《えんげん》亦《また》実ニ此《ここ》ニ存ス爾《なんじ》臣民父母ニ孝ニ兄《けい》弟《てい》ニ友《ゆう》ニ夫婦相和シ朋友相信シ恭倹己《きょうけんおの》レヲ持シ博愛衆ニ及ホシ学ヲ修メ業ヲ習ヒ以テ智能ヲ啓発シ徳器《とっき》ヲ成就シ進《すすん》テ公益ヲ広メ世務《せいむ》ヲ開キ常ニ国憲ヲ重《おもん》シ国法ニ遵《したが》ヒ一旦緩急《かんきゅう》アレハ義勇公《こう》ニ奉シ以テ天壌無窮《てんじょうむきゅう》ノ皇運ヲ扶翼《ふよく》スヘシ是《かく》ノ如キハ独リ朕カ忠良ノ臣民タルノミナラス又以テ爾祖先ノ遺風ヲ顕彰スルニ足ラン斯《こ》ノ道ハ実ニ我カ皇祖皇宗ノ遺訓ニシテ子孫臣民ノ倶《とも》ニ遵守《じゅんしゅ》スヘキ所之ヲ古今ニ通シテ謬《あやま》ラス之ヲ中外《ちゅうがい》ニ施シテ悖《もと》ラス朕爾臣民ト倶ニ拳々服膺《けんけんふくよう》シテ咸其《みなその》徳ヲ一ニセンコトヲ庶幾《こいねが》フ

■ポツダム宣言

【外務省編『日本外交年表並須要文書』下巻より引用】
【難読字には適宜ルビを付した。旧字体漢字は現行の字体の漢字に改めた】

千九百四十五年七月二十六日
米、英、支三国宣言
(千九百四十五年七月二十六日「ポツダム」ニ於テ)
一、吾等《われら》合衆国大統領、中華民国政府主席及「グレート・ブリテン」国総理大臣ハ吾等ノ数億ノ国民ヲ代表シ協議ノ上日本国ニ対シ今次ノ戦争ヲ終結スルノ機会ヲ与フルコトニ意見一致セリ
二、合衆国、英帝国及中華民国ノ巨大ナル陸、海、空軍ハ西方ヨリ自国ノ陸軍及空軍ニ依《よ》ル数倍ノ増強ヲ受ケ日本国ニ対シ最後的打撃ヲ加フルノ態勢ヲ整ヘタリ右軍事力ハ日本国カ抵抗ヲ終止スルニ至ル迄同国ニ対シ戦争ヲ遂行スルノ一切ノ連合国ノ決意ニ依リ支持セラレ且《かつ》鼓舞セラレ居ルモノナリ
三、蹶起《けっき》セル世界ノ自由ナル人民ノ力ニ対スル「ドイツ」国ノ無益且無意義ナル抵抗ノ結果ハ日本国国民ニ対スル先例ヲ極メテ明白ニ示スモノナリ現在日本国ニ対シ集結シツツアル力ハ抵抗スル「ナチス」ニ対シ適用セラレタル場合ニ於テ全「ドイツ」国人民ノ土地、産業及生活様式ヲ必然的ニ荒廃ニ帰セシメタル力ニ比《ひ》シ測リ知レサル程更ニ強大ナルモノナリ吾等ノ決意ニ支持セラルル吾等ノ軍事力ノ最高度ノ使用ハ日本国軍隊ノ不可避且完全ナル壊滅ヲ意味スヘク又同様必然的ニ日本国本土ノ完全ナル破壊ヲ意味スヘシ
四、無分別ナル打算ニ依リ日本帝国ヲ滅亡ノ淵ニ陥《おとしい》レタル我侭《わがまま》ナル軍国主義的助言者ニ依リ日本国カ引続キ統御セラルヘキカ又ハ理性ノ経路ヲ日本国カ履《ふ》ムヘキカヲ日本国カ決意スヘキ時期ハ到来セリ
五、吾等ノ条件ハ左ノ如シ
　吾等ハ右条件ヨリ離脱スルコトナカルヘシ右ニ代ル条件存在セス吾等ハ遅延ヲ認ムルヲ得ス

六、吾等ハ無責任ナル軍国主義カ世界ヨリ駆逐セラルルニ至ル迄ハ平和、安全及正義ノ新秩序カ生《しょう》シ得サルコトヲ主張スルモノナルヲ以テ日本国国民ヲ欺瞞《ぎまん》シ之ヲシテ世界征服ノ挙ニ出ツルノ過誤ヲ犯サシメタル者ノ権力及勢力ハ永久ニ除去セラレサルヘカラス

七、右ノ如キ新秩序カ建設セラレ且日本国ノ戦争遂行能力カ破砕《はさい》セラレタルコトノ確証アルニ至ルマテハ連合国ノ指定スヘキ日本国領域内ノ諸地点ハ吾等ノ茲《ここ》ニ指示スル基本的目的ノ達成ヲ確保スルタメ占領セラルヘシ

八、「カイロ」宣言ノ条項ハ履行セラルヘク又日本国ノ主権ハ本州、北海道、九州及四国並ニ吾等ノ決定スル諸小島ニ局限セラルヘシ

九、日本国軍隊ハ完全ニ武装ヲ解除セラレタル後各自ノ家庭ニ復帰シ平和的且生産的ノ生活ヲ営ムノ機会ヲ得シメラルヘシ

十、吾等ハ日本人ヲ民族トシテ奴隷化セントシ又ハ国民トシテ滅亡セシメントスルノ意図ヲ有スルモノニ非サルモ吾等ノ俘虜《ふりょ》ヲ虐待セル者ヲ含ム一切ノ戦争犯罪人ニ対シテハ厳重ナル処罰ヲ加ヘラルヘシ日本国政府ハ日本国国民ノ間ニ於ケル民主主義的傾向ノ復活強化ニ対スル一切ノ障礙《しょうがい》ヲ除去スヘシ言論、宗教及思想ノ自由並ニ基本的人権ノ尊重ハ確立セラルヘシ

十一、日本国ハ其ノ経済ヲ支持シ且公正ナル実物賠償ノ取立ヲ可能ナラシムルカ如キ産業ヲ維持スルコトヲ許サルヘシ但シ日本国ヲシテ戦争ノ為再軍備ヲ為スコトヲ得シムルカ如キ産業ハ此ノ限ニ在ラス右目的ノ為原料ノ入手（其ノ支配トハ之ヲ区別ス）ヲ許可サルヘシ日本国ハ将来世界貿易関係ヘノ参加ヲ許サルヘシ

十二、前記諸目的カ達成セラレ且日本国国民ノ自由ニ表明セル意思ニ従ヒ平和的傾向ヲ有シ且責任アル政府カ樹立セラルルニ於テハ連合国ノ占領軍ハ直《ただち》ニ日本国ヨリ撤収セラルヘシ

十三、吾等ハ日本国政府カ直ニ全日本国軍隊ノ無条件降伏ヲ宣言シ且右行動ニ於ケル同政府ノ誠意ニ付適当且充分ナル保障ヲ提供センコトヲ同政府ニ対シ要求ス右以外ノ日本国ノ選択ハ迅速且完全ナル壊滅アルノミトス

■憲法草案要綱

【難読字には適宜ルビを付した。旧字体漢字は現行の字体の漢字に改めた】

根本原則（統治権）

一、日本国ノ統治権ハ日本国民ヨリ発ス
一、天皇ハ国政ヲ親《みずか》ラセス国政ノ一切ノ最高責任者ハ内閣トス
一、天皇ハ国民ノ委任ニヨリ専ラ国家的儀礼ヲ司《つかさど》ル
一、天皇ノ即位ハ議会ノ承認ヲ経ルモノトス
一、摂政ヲ置クハ議会ノ議決ニヨル

国民権利義務

一、国民ハ法律ノ前ニ平等ニシテ出生又ハ身分ニ基ク一切ノ差別ハ之ヲ廃止ス
一、爵位勲章其ノ他ノ栄典ハ総テ廃止ス
一、国民ノ言論学術芸術宗教ノ自由ニ妨ケル如何ナル法令ヲモ発布スルヲ得ス
一、国民ハ拷問ヲ加ヘラルルコトナシ
一、国民ハ国民請願国民発案及国民表決ノ権利ヲ有ス
一、国民ハ労働ノ義務ヲ有ス
一、国民ハ労働ニ従事シ其ノ労働ニ対シテ報酬ヲ受クルノ権利ヲ有ス
一、国民ハ健康ニシテ文化的水準ノ生活ヲ営ム権利ヲ有ス
一、国民ハ休息ノ権利ヲ有ス国家ハ最高八時間労働ノ実施勤労者ニ対スル有給休暇制療養所社交教養機関ノ完備ヲナスヘシ
一、国民ハ老年疾病其ノ他ノ事情ニヨリ労働不能ニ陥リタル場合生活ヲ保証サル権利ヲ有ス
一、男女ハ公的並私的ニ完全ニ平等ノ権利ヲ享有ス

一、民族人種ニヨル差別ヲ禁ス
一、国民ハ民主主義並平和思想ニ基ク人格完成社会道徳確立諸民族トノ協同ニ努ムルノ義務ヲ有ス

議会

一、議会ハ立法権ヲ掌握ス法律ヲ議決シ歳入及歳出予算ヲ承認シ行政ニ関スル準則ヲ定メ及其ノ執行ヲ監督ス条約ニシテ立法事項ニ関スルモノハ其ノ承認ヲ得ルヲ要ス
一、議会ハ二院ヨリ成ル
一、第一院ハ全国一区ノ大選挙区制ニヨリ満二十歳以上ノ男女平等直接秘密選挙（比例代表ノ主義）ニヨリテ満二十歳以上ノ者ヨリ公選セラレタル議員ヲ以テ組織サレ其ノ権限ハ第二院ニ優先ス
一、第二院ハ各種職業並其ノ中ノ階層ヨリ公選セラレタル満二十歳以上ノ議員ヲ以テ組織サル
一、第一院ニ於テ二度可決サレタル一切ノ法律案ハ第二院ニ於テ否決スルヲ得ス
一、議会ハ無休トス
ソノ休会スル場合ハ常任委員会ソノ職責ヲ代行ス
一、議会ノ会議ハ公開ス秘密会ヲ廃ス
一、議会ハ議長並書記官長ヲ選出ス
一、議会ハ憲法違反其ノ他重大ナル過失ノ廉《かど》ニヨリ大臣並官吏ニ対スル公訴ヲ提起スルヲ得之カ審理ノ為ニ国事裁判所ヲ設ク
一、議会ハ国民投票ニヨリテ解散ヲ可決サレタルトキハ直チニ解散スヘシ
一、国民投票ニヨリ議会ノ決議ヲ無効ナラシムルニハ有権者ノ過半数カ投票ニ参加セル場合ナルヲ要ス

内閣

一、総理大臣ハ両院議長ノ推薦ニヨリテ決ス
各省大臣国務大臣ハ総理大臣任命ス
一、内閣ハ外ニ対シテ国ヲ代表ス

一、内閣ハ議会ニ対シ連帯責任ヲ負フ其ノ職ニ在ルニハ議会ノ信任アルコトヲ要ス
一、国民投票ニヨリテ不信任ヲ決議サレタルトキハ内閣ハ其ノ職ヲ去ルヘシ
一、内閣ハ官吏ヲ任免ス
一、内閣ハ国民ノ名ニ於テ恩赦権ヲ行フ
一、内閣ハ法律ヲ執行スル為ニ命令ヲ発ス

司法

一、司法権ハ国民ノ名ニヨリ裁判所構成法及陪審法ノ定ムル所ニヨリ裁判之ヲ行フ
一、裁判官ハ独立ニシテ唯法律ニノミ服ス
一、大審院ハ最高ノ司法機関ニシテ一切ノ下級司法機関ヲ監督ス
大審院長ハ公選トス国事裁判所長ヲ兼ヌ
大審院判事ハ第二院議長ノ推薦ニヨリ第二院ノ承認ヲ経テ就任ス
一、行政裁判所長検事総長ハ公選トス
一、検察官ハ行政機関ヨリ独立ス
一、無罪ノ判決ヲ受ケタル者ニ対スル国家補償ハ遺憾ナキヲ期スヘシ

会計及財政

一、国ノ歳出歳入ハ各会計年度毎ニ詳細明確ニ予算ニ規定シ会計年度ノ開始前ニ法律ヲ以テ之ヲ定ム
一、事業会計ニ就テハ毎年事業計画書ヲ提出シ議会ノ承認ヲ経ヘシ
特別会計ハ唯事業会計ニ就テノミ之ヲ設クルヲ得
一、租税ヲ課シ税率ヲ変更スルハ一年毎ニ法律ヲ以テ之ヲ定ムヘシ
一、国債其ノ他予算ニ定メタルモノヲ除ク外国庫ノ負担トナルヘキ契約ハ一年毎ニ議会ノ承認ヲ経ヘシ
一、皇室費ハ一年毎ニ議会ノ承認ヲ経ヘシ
一、予算ハ先ツ第一院ニ提出スヘシ其ノ承認ヲ経タル項目及金額ニ就テハ第二院之ヲ否決スルヲ得ス

一、租税ノ賦課ハ公正ナルヘシ苟《いやしく》モ消費税ヲ偏重シテ国民ニ過重ノ負担ヲ負ハシムルヲ禁ス
一、歳入歳出ノ決算ハ速《すみやか》ニ会計検査院ニ提出シ其ノ検査ヲ経タル後之ヲ次ノ会計年度ニ議会ニ提出シ政府ノ責任解除ヲ求ムヘシ
会計検査院ノ組織及権限ハ法律ヲ以テ之ヲ定ム
会計検査院長ハ公選トス

経済

一、経済生活ハ国民各自ヲシテ人間ニ値スヘキ健全ナル生活ヲ為サシムルヲ目的トシ正義進歩平等ノ原則ニ適合スルヲ要ス
各人ノ私有並経済上ノ自由ハ此ノ限界内ニ於テ保障サル
所有権ハ同時ニ公共ノ権利ニ役立ツヘキ義務ヲ要ス
一、土地ノ分配及利用ハ総《すべ》テノ国民ニ健康ナル生活ヲ保障シ得ル如ク為サルヘシ
寄生的土地所有並封建的小作料ハ禁止ス
一、精神的労作著作者発明家芸術家ノ権利ハ保護セラルヘシ
一、労働者其ノ他一切ノ勤労者ノ労働条件改善ノ為ノ結社並運動ノ自由ハ保障セラルヘシ
之ヲ制限又ハ妨害スル法令契約及処置ハ総テ禁止ス

補則

一、憲法ハ立法ニヨリ改正ス但シ議員ノ三分ノ二以上ノ出席及出席議員ノ半数以上ノ同意アルヲ要ス
国民請願ニ基キ国民投票ヲ以テ憲法ノ改正ヲ決スル場合ニ於テハ有権者ノ過半数ノ同意アルコトヲ要ス
一、此ノ憲法ノ規定並精神ニ反スル一切ノ法令及制度ハ直チニ廃止ス
一、皇室典範ハ議会ノ議ヲ経テ定ムルヲ要ス
一、此ノ憲法公布後遅クモ十年以内ニ国民投票ニヨル新憲法ノ制定ヲナスヘシ

■憲法改正要綱（松本試案）

第一章　天皇

第一条　日本国は君主国とす
第二条　天皇は君主にして此の憲法の条規に依り統治権を行ふ
第三条　皇位は皇室典範の定むる所に依り万世一系の皇男子孫之を継承す
第四条　天皇は其の行為に附責に任ずることなし
第五条　現状
第六条
第七条　天皇は帝国議会を召集し其の開会、閉会、停会及議院の解散を命ず
第八条　天皇は公共の安全を保持し又はその災厄の避くる為の必要に依り帝国議会審議委員会の議を経て法律に依るべき勅令を発す
この勅令は次の会期において帝国議会に提出すべし
若し議会に於て承諾せざるときは政府は将来に向つて其の効力を失ふことを公布すべし
第九条　天皇は法律を執行する為に必要なる命令を発し又は発せしむ、但し命令を以て法律を変更することを得ず
第十条　天皇は行政各部の官制及官吏の俸給を定め及官吏を任免す
但し此の憲法又は他の法律に特例を掲げたるものは各々其の条項に依る
第十一条　削除
第十二条
第十三条　天皇は諸般の条約を締結す、但し法律を以て定むるを要する事項に関る条約及国に重大なる義務を負はしむる条約は帝国議会の協賛を経るを要す
天皇は条約の公布及執行を命ず、条約は公布に依り法律の効力を有す
第十四条　削除

第十五条　天皇は栄典を授与す
第十六条　現状
第十七条　現状

第二章　臣民の権利義務

第十八条　現状
第十九条　日本臣民は法律上平等なり、日本臣民は法律命令に定むる所の資格に応じ均く官吏に任ぜられ及其の他の公務に就くことを得
第二十条　日本臣民は法律の定むる所に従ひ名誉職及其の他の公務に就く義務を有す
第二十一条　現状
第二十二条　日本臣民は居住及移住の自由並に職業の自由を有す、公益の為必要なる制限は法律の定むる所に依る
第二十三条　現状
第二十四条
第二十五条　日本臣民は其の住所を侵さるることなく公安を保持する為必要なる制限は法律の定むる所に依る
第二十六条　日本臣民は其の信書の秘密を侵さるることなし、公安を保持する為必要なる制限は法律の定むる所に依る
第二十七条　現状
第二十八条　日本臣民は信教の自由を有す、公安を保持する為必要なる制限は法律の定むる所に依る神社の享有せる特典は之を廃止す
第二十九条　日本臣民は言論、著作、印行、集会及結社の自由を有す、公安を保持する為必要なる制限は法律の定むる所に依る
第三十条　日本臣民は法律の定むる所に従ひ請願を為すことを得

第三十条の二　日本臣民は法律の定むる所に従ひ教育を受くるの権利及義務を有す
第三十条の三　日本臣民は法律の定むる所に従ひ勤労の権利及義務を有す
第三十条の四　日本臣民は本草に掲げたるものの外凡て法律に依るに非ずしてその自由及権利を侵さるることなし
第三十一条　削除
第三十二条　現状

■日本国憲法

日本国憲法

日本国民は、正当に選挙された国会における代表者を通じて行動し、われらとわれらの子孫のために、諸国民との協和による成果と、わが国全土にわたつて自由のもたらす恵沢を確保し、政府の行為によつて再び戦争の惨禍が起ることのないやうにすることを決意し、ここに主権が国民に存することを宣言し、この憲法を確定する。そもそも国政は、国民の厳粛な信託によるものであつて、その権威は国民に由来し、その権力は国民の代表者がこれを行使し、その福利は国民がこれを享受する。これは人類普遍の原理であり、この憲法は、かかる原理に基くものである。われらは、これに反する一切の憲法、法令及び詔勅を排除する。

日本国民は、恒久の平和を念願し、人間相互の関係を支配する崇高な理想を深く自覚するのであつて、平和を愛する諸国民の公正と信義に信頼して、われらの安全と生存を保持しようと決意した。われらは、平和を維持し、専制と隷従、圧迫と偏狭を地上から永遠に除去しようと努めてゐる国際社会において、名誉ある地位を占めたいと思ふ。われらは、全世界の国民が、ひとしく恐怖と欠乏から免かれ、平和のうちに生存する権利を有することを確認する。

われらは、いづれの国家も、自国のことのみに専念して他国を無視してはならないのであつて、政治道徳の法則は、普遍的なものであり、この法則に従ふことは、自国の主権を維持し、他国と対等関係に立たうとする各国の責務であると信ずる。

日本国民は、国家の名誉にかけ、全力をあげてこの崇高な理想と目的を達成することを誓ふ。

第一章　天皇

第一条〔天皇の地位と主権在民〕天皇は、日本国の象徴であり日本国民統合の象徴であつて、この地位は、主権の存する日本国民の総意に基く。

第二条〔皇位の継承〕皇位は、世襲のものであつて、国会の議決した皇室典範の定めるところにより、これを継承する。

第三条〔内閣の助言と承認及び責任〕天皇の国事に関するすべての行為には、内閣の助言と承認を必要とし、内閣が、その責任を負ふ。

第四条〔天皇の権能と権能行使の委任〕①　天皇は、この憲法の定める国事に関する行為のみを行ひ、国政に関する権能を有しない。

②　天皇は、法律の定めるところにより、その国事に関する行為を委任することができる。

第五条〔摂政〕皇室典範の定めるところにより摂政を置くときは、摂政は、天皇の名でその国事に関する行為を行ふ。この場合には、前条第一項の規定を準用する。

第六条〔天皇の任命行為〕①　天皇は、国会の指名に基いて、内閣総理大臣を任命する。

②　天皇は、内閣の指名に基いて、最高裁判所の長たる裁判官を任命する。

第七条〔天皇の国事行為〕天皇は、内閣の助言と承認により、国民のために、左の国事に関する行為を行ふ。

一　憲法改正、法律、政令及び条約を公布すること。

二　国会を召集すること。
三　衆議院を解散すること。
四　国会議員の総選挙の施行を公示すること。
五　国務大臣及び法律の定めるその他の官吏の任免並びに全権委任状及び大使及び公使の信任状を認証すること。
六　大赦、特赦、減刑、刑の執行の免除及び復権を認証すること。
七　栄典を授与すること。
八　批准書及び法律の定めるその他の外交文書を認証すること。
九　外国の大使及び公使を接受すること。
十　儀式を行ふこと。

第八条〔財産授受の制限〕皇室に財産を譲り渡し、又は皇室が、財産を譲り受け、若しくは賜与することは、国会の議決に基かなければならない。

第二章　戦争の放棄

第九条〔戦争の放棄、戦力及び交戦権の否認〕①　日本国民は、正義と秩序を基調とする国際平和を誠実に希求し、国権の発動たる戦争と、武力による威嚇又は武力の行使は、国際紛争を解決する手段としては、永久にこれを放棄する。
②　前項の目的を達するため、陸海空軍その他の戦力は、これを保持しない。国の交戦権は、これを認めない。

第三章　国民の権利及び義務

第一〇条〔国民の要件〕日本国民たる要件は、法律でこれを定める。

第一一条〔基本的人権〕国民は、すべての基本的人権の享有を妨げられない。この憲法が国民に保障する基本的人権は、侵すことのできない永久の権利として、現在及び将来の国民に与へられる。

第一二条〔自由及び権利の保持義務と公共福祉性〕この憲法が国民に保障する自由及び権利は、国民の不断の努力によつて、これを保持しなければならない。又、国民は、これを濫用してはならないのであつて、常に公共の福祉のためにこれを利用する責任を負ふ。

第一三条〔個人の尊重・幸福追求権・公共の福祉〕すべて国民は、個人として尊重される。生命、自由及び幸福追求に対する国民の権利については、公共の福祉に反しない限り、立法その他の国政の上で、最大の尊重を必要とする。

第一四条〔法の下の平等、貴族制度の否認及び栄典の限界〕①すべて国民は、法の下に平等であつて、人種、信条、性別、社会的身分又は門地により、政治的、経済的又は社会的関係において、差別されない。

② 華族その他の貴族の制度は、これを認めない。

③ 栄誉、勲章その他の栄典の授与は、いかなる特権も伴はない。栄典の授与は、現にこれを有し、又は将来これを受ける者の一代に限り、その効力を有する。

第一五条〔公務員の選定罷免権、公務員の本質、普通選挙の保障及び投票秘密の保障〕①公務員を選定し、及びこれを罷免することは、国民固有の権利である。

② すべて公務員は、全体の奉仕者であつて、一部の奉仕者ではない。

③ 公務員の選挙については、成年者による普通選挙を保障する。

④ すべて選挙における投票の秘密は、これを侵してはならない。選挙人は、その選択に関し公的にも私的にも責任を問はれない。

第一六条〔請願権〕何人も、損害の救済、公務員の罷免、法律、命令又は規則の制定、廃止又は改正その他の事項に関し、平穏に請願する権利を有し、何人も、かかる請願をしたためにいかなる差別待遇も受けない。

第一七条〔公務員の不法行為による損害の賠償〕何人も、公務員の不法行為により、損害を受けたときは、法律の定めるところにより、国又は公共団体に、その賠償を求めることができる。

第一八条〔奴隷的拘束及び苦役の禁止〕何人も、いかなる奴隷的拘束も受けない。又、犯罪に因る処罰の場合を除いては、その意に反する苦役に服させられない。

第一九条〔思想及び良心の自由〕思想及び良心の自由は、これを侵してはならない。

第二〇条〔信教の自由〕①信教の自由は、何人に対してもこれを保障する。いかなる宗教団体も、国から特権を受け、又は政治上の権力を行使してはならない。

② 何人も、宗教上の行為、祝典、儀式又は行事に参加することを強制されない。

③ 国及びその機関は、宗教教育その他いかなる宗教的活動もしてはならない。

第二一条〔集会、結社及び表現の自由と通信秘密の保護〕① 集会、結社及び言論、出版その他一切の表現の自由は、これを保障する。

② 検閲は、これをしてはならない。通信の秘密は、これを侵してはならない。

第二二条〔居住、移転、職業選択、外国移住及び国籍離脱の自由〕① 何人も、公共の福祉に反しない限り、居住、移転及び職業選択の自由を有する。

② 何人も、外国に移住し、又は国籍を離脱する自由を侵されない。

第二三条〔学問の自由〕学問の自由は、これを保障する。

第二四条〔家族関係における個人の尊厳と両性の平等〕① 婚姻は、両性の合意のみに基いて成立し、夫婦が同等の権利を有することを基本として、相互の協力により、維持されなければならない。

② 配偶者の選択、財産権、相続、住居の選定、離婚並びに婚姻及び家族に関するその他の事項に関しては、法律は、個人の尊厳と両性の本質的平等に立脚して、制定されなければならない。

第二五条〔生存権及び国民生活の社会的進歩向上に努める国の義務〕① すべて国民は、健康で文化的な最低限度の生活を営む権利を有する。

② 国は、すべての生活部面について、社会福祉、社会保障及び公衆衛生の向上及び増進に努めなければならない。

第二六条〔教育を受ける権利と受けさせる義務〕① すべて国民は、法律の定めるところにより、その能力に応じて、ひとしく教育を受ける権利を有する。

② すべて国民は、法律の定めるところにより、その保護する子女に普通教育を受けさせる義務を負ふ。

義務教育は、これを無償とする。

第二七条〔勤労の権利と義務、勤労条件の基準及び児童酷使の禁止〕① すべて国民は、勤労の権利を有し、義務を負ふ。
② 賃金、就業時間、休息その他の勤労条件に関する基準は、法律でこれを定める。
③ 児童は、これを酷使してはならない。
第二八条〔勤労者の団結権及び団体行動権〕 勤労者の団結する権利及び団体交渉その他の団体行動をする権利は、これを保障する。
第二九条〔財産権〕① 財産権は、これを侵してはならない。
② 財産権の内容は、公共の福祉に適合するやうに、法律でこれを定める。
③ 私有財産は、正当な補償の下に、これを公共のために用ひることができる。
第三〇条〔納税の義務〕 国民は、法律の定めるところにより、納税の義務を負ふ。

第三一条〔生命及び自由の保障と科刑の制約〕 何人も、法律の定める手続によらなければ、その生命若しくは自由を奪はれ、又はその他の刑罰を科せられない。

第三二条〔裁判を受ける権利〕 何人も、裁判所において裁判を受ける権利を奪はれない。

第三三条〔逮捕の制約〕 何人も、現行犯として逮捕される場合を除いては、権限を有する司法官憲が発し、且つ理由となつてゐる犯罪を明示する令状によらなければ、逮捕されない。

第三四条〔抑留及び拘禁の制約〕 何人も、理由を直ちに告げられ、且つ、直ちに弁護人に依頼する権利を与へられなければ、抑留又は拘禁されない。又、何人も、正当な理由がなければ、拘禁されず、要求があれば、その理由は、直ちに本人及びその弁護人の出席する公開の法廷で示されなければならない。

第三五条〔侵入、捜索及び押収の制約〕① 何人も、その住居、書類及び所持品について、侵入、捜索及び押収を受けることのない権利は、第三十三条の場合を除いては、正当な理由に基いて発せられ、且つ捜索する場所及び押収する物を明示する令状がなければ、侵されない。
② 捜索又は押収は、権限を有する司法官憲が発する各別の令状により、これを行ふ。
第三六条〔拷問及び残虐な刑罰の禁止〕 公務員による拷問及び残虐な刑罰は、絶対にこれを禁ずる。

第三七条〔刑事被告人の権利〕① すべて刑事事件においては、被告人は、公平な裁判所の迅速な公開裁判を受ける権利を有する。
② 刑事被告人は、すべての証人に対して審問する機会を充分に与へられ、又、公費で自己のために強制的手続により証人を求める権利を有する。
③ 刑事被告人は、いかなる場合にも、資格を有する弁護人を依頼することができる。被告人が自らこれを依頼することができないときは、国でこれを附する。
第三八条〔自白強要の禁止と自白の証拠能力の限界〕① 何人も、自己に不利益な供述を強要されない。
② 強制、拷問若しくは脅迫による自白又は不当に長く抑留若しくは拘禁された後の自白は、これを証拠とすることができない。
③ 何人も、自己に不利益な唯一の証拠が本人の自白である場合には、有罪とされ、又は刑罰を科せられない。
第三九条〔遡及処罰の禁止、一事不再理〕何人も、実行の時に適法であつた行為又は既に無罪とされた行為については、刑事上の責任を問はれない。又、同一の犯罪について、重ねて刑事上の責任を問はれない。

第四〇条〔刑事補償〕何人も、抑留又は拘禁された後、無罪の裁判を受けたときは、法律の定めるところにより、国にその補償を求めることができる。

第四章　国会

第四一条〔国会の地位〕国会は、国権の最高機関であつて、国の唯一の立法機関である。

第四二条〔二院制〕国会は、衆議院及び参議院の両議院でこれを構成する。

第四三条〔両議院の組織〕① 両議院は、全国民を代表する選挙された議員でこれを組織する。
② 両議院の議員の定数は、法律でこれを定める。
第四四条〔議員及び選挙人の資格〕両議院の議員及びその選挙人の資格は、法律でこれを定める。但し、人種、信条、性別、社会的身分、門地、教育、財産又は収入によつて差別してはならない。

第四五条〔衆議院議員の任期〕衆議院議員の任期は、四年とする。但し、衆議院解散の場合には、その期間満了前に終了する。

第四六条〔参議院議員の任期〕参議院議員の任期は、六年とし、三年ごとに議員の半数を改選する。

第四七条〔議員の選挙〕選挙区、投票の方法その他両議院の議員の選挙に関する事項は、法律でこれを定める。

第四八条〔両議院議員相互兼職の禁止〕何人も、同時に両議院の議員たることはできない。

第四九条〔議員の歳費〕両議院の議員は、法律の定めるところにより、国庫から相当額の歳費を受ける。

第五〇条〔議員の不逮捕特権〕両議院の議員は、法律の定める場合を除いては、国会の会期中逮捕されず、会期前に逮捕された議員は、その議院の要求があれば、会期中これを釈放しなければならない。

第五一条〔議員の発言表決の無答責〕両議院の議員は、議院で行つた演説、討論又は表決について、院外で責任を問はれない。

第五二条〔常会〕国会の常会は、毎年一回これを召集する。

第五三条〔臨時会〕内閣は、国会の臨時会の召集を決定することができる。いづれかの議院の総議員の四分の一以上の要求があれば、内閣は、その召集を決定しなければならない。

第五四条〔総選挙、特別会及び緊急集会〕① 衆議院が解散されたときは、解散の日から四十日以内に、衆議院議員の総選挙を行ひ、その選挙の日から三十日以内に、国会を召集しなければならない。

② 衆議院が解散されたときは、参議院は、同時に閉会となる。但し、内閣は、国に緊急の必要があるときは、参議院の緊急集会を求めることができる。

③ 前項但書の緊急集会において採られた措置は、臨時のものであつて、次の国会開会の後十日以内に、衆議院の同意がない場合には、その効力を失ふ。

第五五条〔資格争訟〕両議院は、各々その議員の資格に関する争訟を裁判する。但し、議員の議席を失はせるには、出席議員の三分の二以上の多数による議決を必要とする。

第五六条〔議事の定足数と過半数議決〕① 両議院は、各々その総議員の三分の一以上の出席がなければ、議事を開き議決することができない。

② 両議院の議事は、この憲法に特別の定のある場合を除いては、出席議員の過半数でこれを決し、可否

同数のときは、議長の決するところによる。

第五七条〔会議の公開と会議録〕① 両議院の会議は、公開とする。但し、出席議員の三分の二以上の多数で議決したときは、秘密会を開くことができる。
② 両議院は、各々その会議の記録を保存し、秘密会の記録の中で特に秘密を要すると認められるもの以外は、これを公表し、且つ一般に頒布しなければならない。
③ 出席議員の五分の一以上の要求があれば、各議員の表決は、これを会議録に記載しなければならない。
第五八条〔役員の選任及び議院の自律権〕① 両議院は、各々その議長その他の役員を選任する。
② 両議院は、各々その会議その他の手続及び内部の規律に関する規則を定め、又、院内の秩序をみだした議員を懲罰することができる。但し、議員を除名するには、出席議員の三分の二以上の多数による議決を必要とする。
第五九条〔法律案の議決、衆議院の優越〕① 法律案は、この憲法に特別の定のある場合を除いては、両議院で可決したとき法律となる。
② 衆議院で可決し、参議院でこれと異なつた議決をした法律案は、衆議院で出席議員の三分の二以上の多数で再び可決したときは、法律となる。
③ 前項の規定は、法律の定めるところにより、衆議院が、両議院の協議会を開くことを求めることを妨げない。
④ 参議院が、衆議院の可決した法律案を受け取つた後、国会休会中の期間を除いて六十日以内に、議決しないときは、衆議院は、参議院がその法律案を否決したものとみなすことができる。
第六〇条〔衆議院の予算先議権及び予算の議決〕① 予算は、さきに衆議院に提出しなければならない。
② 予算について、参議院で衆議院と異なつた議決をした場合に、法律の定めるところにより、両議院の協議会を開いても意見が一致しないとき、又は参議院が、衆議院の可決した予算を受け取つた後、国会休会中の期間を除いて三十日以内に、議決しないときは、衆議院の議決を国会の議決とする。
第六一条〔条約締結の承認〕条約の締結に必要な国会の承認については、前条第二項の規定を準用する。

第六二条〔議院の国政調査権〕両議院は、各々国政に関する調査を行ひ、これに関して、証人の出頭及び証言並びに記録の提出を要求することができる。

第六三条〔国務大臣の出席〕内閣総理大臣その他の国務大臣は、両議院の一に議席を有すると有しないとにかかはらず、何時でも議案について発言するため議院に出席することができる。又、答弁又は説明のため出席を求められたときは、出席しなければならない。

第六四条〔弾劾裁判所〕① 国会は、罷免の訴追を受けた裁判官を裁判するため、両議院の議員で組織する弾劾裁判所を設ける。

② 弾劾に関する事項は、法律でこれを定める。

第五章　内閣

第六五条〔行政権の帰属〕行政権は、内閣に属する。

第六六条〔内閣の組織と責任〕① 内閣は、法律の定めるところにより、その首長たる内閣総理大臣及びその他の国務大臣でこれを組織する。

② 内閣総理大臣その他の国務大臣は、文民でなければならない。

③ 内閣は、行政権の行使について、国会に対し連帯して責任を負ふ。

第六七条〔内閣総理大臣の指名〕① 内閣総理大臣は、国会議員の中から国会の議決で、これを指名する。この指名は、他のすべての案件に先だつて、これを行ふ。

② 衆議院と参議院とが異なつた指名の議決をした場合に、法律の定めるところにより、両議院の協議会を開いても意見が一致しないとき、又は衆議院が指名の議決をした後、国会休会中の期間を除いて十日以内に、参議院が、指名の議決をしないときは、衆議院の議決を国会の議決とする。

第六八条〔国務大臣の任免〕①内閣総理大臣は、国務大臣を任命する。但し、その過半数は、国会議員の中から選ばれなければならない。

② 内閣総理大臣は、任意に国務大臣を罷免することができる。

第六九条〔不信任決議と解散又は総辞職〕内閣は、衆議院で不信任の決議案を可決し、又は信任の決議案を否決したときは、十日以内に衆議院が解散されない限り、総辞職をしなければならない。

第七〇条〔内閣総理大臣の欠缺又は総選挙施行による総辞職〕内閣総理大臣が欠けたとき、又は衆議院議員総選挙の後に初めて国会の召集があつたときは、内閣は、総辞職をしなければならない。

第七一条〔総辞職後の職務続行〕前二条の場合には、内閣は、あらたに内閣総理大臣が任命されるまで引き続きその職務を行ふ。

第七二条〔内閣総理大臣の職務権限〕内閣総理大臣は、内閣を代表して議案を国会に提出し、一般国務及び外交関係について国会に報告し、並びに行政各部を指揮監督する。

第七三条〔内閣の職務権限〕内閣は、他の一般行政事務の外、左の事務を行ふ。
一　法律を誠実に執行し、国務を総理すること。
二　外交関係を処理すること。
三　条約を締結すること。但し、事前に、時宜によつては事後に、国会の承認を経ることを必要とする。
四　法律の定める基準に従ひ、官吏に関する事務を掌理すること。
五　予算を作成して国会に提出すること。
六　この憲法及び法律の規定を実施するために、政令を制定すること。但し、政令には、特にその法律の委任がある場合を除いては、罰則を設けることができない。
七　大赦、特赦、減刑、刑の執行の免除及び復権を決定すること。
第七四条〔法律及び政令への署名〕法律及び政令には、すべて主任の国務大臣が署名し、内閣総理大臣が連署することを必要とする。

第七五条〔国務大臣訴追の制約〕国務大臣は、その在任中、内閣総理大臣の同意がなければ、訴追されない。但し、これがため、訴追の権利は、害されない。

第六章　司法

第七六条〔司法権の機関と裁判官の職務上の独立〕①　すべて司法権は、最高裁判所及び法律の定めるところにより設置する下級裁判所に属する。
② 特別裁判所は、これを設置することができない。行政機関は、終審として裁判を行ふことができない。
③ すべて裁判官は、その良心に従ひ独立してその職権を行ひ、この憲法及び法律にのみ拘束される。
第七七条〔最高裁判所の規則制定権〕① 最高裁判所は、訴訟に関する手続、弁護士、裁判所の内部規律及び司法事務処理に関する事項について、規則を定める権限を有する。
② 検察官は、最高裁判所の定める規則に従はなければならない。
③ 最高裁判所は、下級裁判所に関する規則を定める権限を、下級裁判所に委任することができる。
第七八条〔裁判官の身分の保障〕 裁判官は、裁判により、心身の故障のために職務を執ることができないと決定された場合を除いては、公の弾劾によらなければ罷免されない。裁判官の懲戒処分は、行政機関がこれを行ふことはできない。

第七九条〔最高裁判所の構成及び裁判官任命の国民審査、定年、報酬〕① 最高裁判所は、その長たる裁判官及び法律の定める員数のその他の裁判官でこれを構成し、その長たる裁判官以外の裁判官は、内閣でこれを任命する。
② 最高裁判所の裁判官の任命は、その任命後初めて行はれる衆議院議員総選挙の際国民の審査に付し、その後十年を経過した後初めて行はれる衆議院議員総選挙の際更に審査に付し、その後も同様とする。
③ 前項の場合において、投票者の多数が裁判官の罷免を可とするときは、その裁判官は、罷免される。
④ 審査に関する事項は、法律でこれを定める。
⑤ 最高裁判所の裁判官は、法律の定める年齢に達した時に退官する。
⑥ 最高裁判所の裁判官は、すべて定期に相当額の報酬を受ける。この報酬は、在任中、これを減額することができない。
第八〇条〔下級裁判所の裁判官の任期、定年、報酬〕① 下級裁判所の裁判官は、最高裁判所の指名した者の名簿によつて、内閣でこれを任命する。その裁判官は、任期を十年とし、再任されることができる。但し、法律の定める年齢に達した時には退官する。
② 下級裁判所の裁判官は、すべて定期に相当額の報酬を受ける。この報酬は、在任中、これを減額する

ことができない。

第八一条〔最高裁判所の法令審査権〕最高裁判所は、一切の法律、命令、規則又は処分が憲法に適合するかしないかを決定する権限を有する終審裁判所である。

第八二条〔対審及び判決の公開〕① 裁判の対審及び判決は、公開法廷でこれを行ふ。
② 裁判所が、裁判官の全員一致で、公の秩序又は善良の風俗を害する虞があると決した場合には、対審は、公開しないでこれを行ふことができる。但し、政治犯罪、出版に関する犯罪又はこの憲法第三章で保障する国民の権利が問題となつてゐる事件の対審は、常にこれを公開しなければならない。

第七章　財政

第八三条〔財政処理の要件〕国の財政を処理する権限は、国会の議決に基いて、これを行使しなければならない。

第八四条〔課税の要件〕あらたに租税を課し、又は現行の租税を変更するには、法律又は法律の定める条件によることを必要とする。

第八五条〔国費支出及び債務負担の要件〕国費を支出し、又は国が債務を負担するには、国会の議決に基くことを必要とする。

第八六条〔予算の作成〕内閣は、毎会計年度の予算を作成し、国会に提出して、その審議を受け議決を経なければならない。

第八七条〔予備費〕① 予見し難い予算の不足に充てるため、国会の議決に基いて予備費を設け、内閣の責任でこれを支出することができる。
② すべて予備費の支出については、内閣は、事後に国会の承諾を得なければならない。
第八八条〔皇室財産及び皇室費用〕すべて皇室財産は、国に属する。すべて皇室の費用は、予算に計上して国会の議決を経なければならない。

第八九条〔公の財産の用途制限〕公金その他の公の財産は、宗教上の組織若しくは団体の使用、便益若しくは維持のため、又は公の支配に属しない慈善、教育若しくは博愛の事業に対し、これを支出し、又はその利用に供してはならない。

第九〇条〔会計検査〕① 国の収入支出の決算は、すべて毎年会計検査院がこれを検査し、内閣は、次の年度に、その検査報告とともに、これを国会に提出しなければならない。

② 会計検査院の組織及び権限は、法律でこれを定める。

第九一条〔財政状況の報告〕 内閣は、国会及び国民に対し、定期に、少くとも毎年一回、国の財政状況について報告しなければならない。

第八章　地方自治

第九二条〔地方自治の基本原則〕 地方公共団体の組織及び運営に関する事項は、地方自治の本旨に基いて、法律でこれを定める。

第九三条〔地方公共団体の機関〕 ① 地方公共団体には、法律の定めるところにより、その議事機関として議会を設置する。

② 地方公共団体の長、その議会の議員及び法律の定めるその他の吏員は、その地方公共団体の住民が、直接これを選挙する。

第九四条〔地方公共団体の権能〕 地方公共団体は、その財産を管理し、事務を処理し、及び行政を執行する権能を有し、法律の範囲内で条例を制定することができる。

第九五条〔特別法の住民投票〕 一の地方公共団体のみに適用される特別法は、法律の定めるところにより、その地方公共団体の住民の投票においてその過半数の同意を得なければ、国会は、これを制定することができない。

第九章　改正

第九六条〔憲法改正の発議、国民投票及び公布〕① この憲法の改正は、各議院の総議員の三分の二以上の賛成で、国会が、これを発議し、国民に提案してその承認を経なければならない。この承認には、特別の国民投票又は国会の定める選挙の際行はれる投票において、その過半数の賛成を必要とする。

② 憲法改正について前項の承認を経たときは、天皇は、国民の名で、この憲法と一体を成すものとして、直ちにこれを公布する。

第十章 最高法規

第九七条〔基本的人権の由来・本質〕 この憲法が日本国民に保障する基本的人権は、人類の多年にわたる自由獲得の努力の成果であつて、これらの権利は、過去幾多の試錬に堪へ、現在及び将来の国民に対し、侵すことのできない永久の権利として信託されたものである。

第九八条〔憲法の最高性と条約及び国際法規の遵守〕① この憲法は、国の最高法規であつて、その条規に反する法律、命令、詔勅及び国務に関するその他の行為の全部又は一部は、その効力を有しない。

② 日本国が締結した条約及び確立された国際法規は、これを誠実に遵守することを必要とする。

第九九条〔憲法尊重擁護の義務〕天皇又は摂政及び国務大臣、国会議員、裁判官その他の公務員は、この憲法を尊重し擁護する義務を負ふ。

第十一章 補則

第一〇〇条〔憲法施行期日と準備行為〕① この憲法は、公布の日から起算して六箇月を経過した日〔昭二二・五・三〕から、これを施行する。

② この憲法を施行するために必要な法律の制定、参議院議員の選挙及び国会召集の手続並びにこの憲法を施行するために必要な準備手続は、前項の期日よりも前に、これを行ふことができる。

第一〇一条〔参議院成立前の国会〕 この憲法施行の際、参議院がまだ成立してゐないときは、その成立するまでの間、衆議院は、国会としての権限を行ふ。

第一〇二条〔参議院議員の任期の経過的特例〕この憲法による第一期の参議院議員のうち、その半数の者の任期は、これを三年とする。その議員は、法律の定めるところにより、これを定める。

第一〇三条〔公務員の地位に関する経過規定〕この憲法施行の際現に在職する国務大臣、衆議院議員及び裁判官並びにその他の公務員で、その地位に相応する地位がこの憲法で認められてゐる者は、法律で特別の定をした場合を除いては、この憲法施行のため、当然にはその地位を失ふことはない。但し、この憲法によつて、後任者が選挙又は任命されたときは、当然その地位を失ふ。

村木正則（むらき　まさのり）
1950年　熊本県生まれ
1976年　中央大学法学部（二部）卒業

学習塾塾長、洗足学園大学付属中学校・高等学校講師、
正則高等学校講師などを歴任。

いまこそ 非軍事の平和主義を

2015年11月28日　初版第1刷発行

著　者　村木正則
発行者　長谷川幹男
発行所　青風舎
〈営業〉東京都中野区中央2-30
〈編集〉東京都青梅市裏宿町636-7
電話 0120-4120-47　FAX 042-884-2371
mail : info@seifu-sha. com
振替 00110-1-346137
印刷所　モリモト印刷株式会社
東京都新宿区東五軒町3-9

☆乱丁・落丁本はお取り替えいたします。

ISBN 978-4-902326-52-9　C0021